AI와 스포츠 전략

AI문고

인공지능 시대입니다. 기계가 인간의 인지를 대신하고, 사물이 인간을 통하지 않고 다른 사물과 직접 커뮤니케이션합니다. 이에 따른 인간 삶과 문명 변화를 정확히 이해·예측·대응하는 것은 이 시대 우리 모두의 과제입니다. AI문고는 인공지능 기술과 환경의 여러 주제를 10가지 키워드로 정리합니다. 관련 개념과 이론, 학계와 산업계의 쟁점, 우리 일상의 변화를 다룹니다. 인간과 기술의 현재, 미래를 세심히 분석합니다.

일러두기

- 인명, 작품명, 저서명, 개념어 등은 한글과 함께 괄호 안에 해당 국가의 원어를 병기했습니다.
- 외래어 표기는 현행 어문규정의 외래어표기법을 따랐습니다.

처음이세요?
전문가세요?

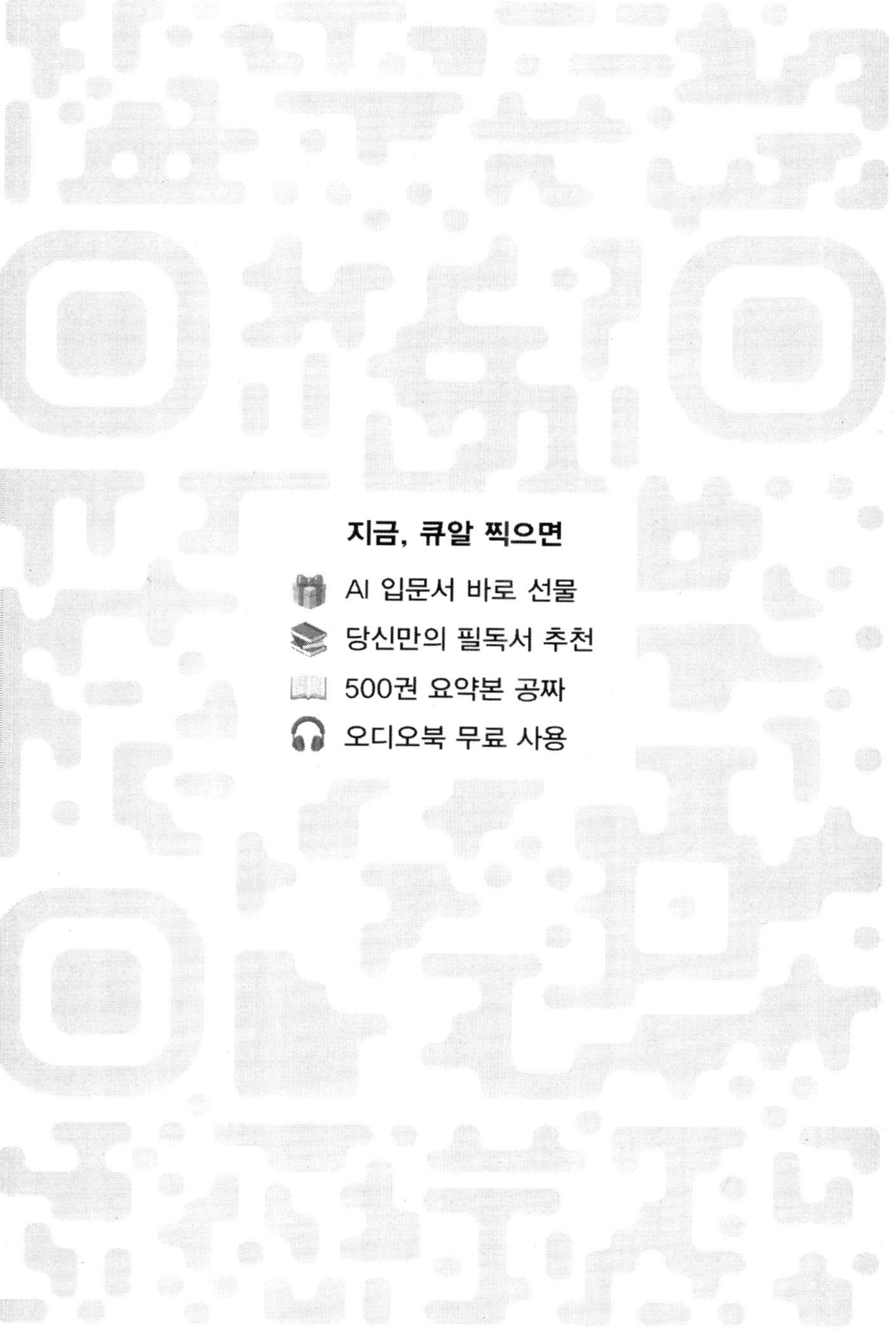

지금, 큐알 찍으면
AI 입문서 바로 선물
당신만의 필독서 추천
500권 요약본 공짜
오디오북 무료 사용

AI와 스포츠 전략

국창민

대한민국, 서울, 커뮤니케이션북스, 2026

AI와 스포츠 전략

지은이 국창민
펴낸이 박영률

초판 1쇄 펴낸날 2026년 2월 25일

커뮤니케이션북스(주)
출판 등록 2007년 8월 17일 제313-2007-000166호
02880 서울시 성북구 성북로 5-11
전화(02) 7474 001, 팩스(02) 736 5047
commbooks@commbooks.com
www.commbooks.com

ISBN 979-11-430-1936-3 03500

책값은 뒤표지에 표시되어 있습니다.

차례

데이터가 그리는 그라운드의 지도

그라운드는 더 이상 땀과 잔디로 이루어진 물리적 영토가 아니다. 좌표(x, y, z)와 속도, 각도로 이루어진 '0과 1의 지도'다.

선수가 공을 차는 순간, 열두 대의 카메라가 29개 관절의 움직임을 초당 50회 추적한다. 투수가 공을 던지는 0.5초 동안 시스템은 회전수, 릴리스 포인트, 궤적 변화를 밀리초 단위로 기록한다. NBA의 '코트옵틱스(CourtOptix)'는 경기당 1000만 개의 데이터 포인트를 수집하며, '수비 압박 지수'와 '슛 퀄리티'처럼 과거에는 이름조차 없던 개념들을 정량화한다. 스포츠는 이제 거대한 디지털 플랫폼이며, 데이터가 승패를 결정하는 알고리즘 전쟁터다.

불과 20년 전만 해도 풍경은 달랐다. 코치의 '감(Gut instinct)'과 '눈(Eye-test)'이 지배하던 시대였다. "어깨가 싱싱하다", "투지(Grit)가 좋다"는 모호한 형용사가 수억 원짜리 계약을 결정했다. 스카우터들은 경기장을 돌아다니며 선수를 직접 관찰했고, 그 인상을 보고서로 남겼다. 직관이 왕좌를 차지한 시대였다. 2002년 오클랜드 애슬레틱스의 '머니볼'이 통계의 힘을 증명했지만, 그것은 시작에 불과했다. 머니볼 1.0이 출루율이라는 단일 지표에 의존했다면, 오늘날의 '머니볼 2.0'은 AI와 컴퓨터 비전을 통해 보이지 않는 모든 것을 시각화한다. 직관의 시대는 끝났다. 알고리즘의 시대가 열렸다.

솔직해지자. 스포츠 AI의 최전선(Frontier)은 상암동이 아니라 실리콘밸리와 런던이다. 한국은 IT 강국이지만, 스포츠 데이터 활용의 깊이에서는 아직 추격자(Fast Follower)다. 나는 한국에서 스포츠산업경영 박사학위를 받고 현장을 누볐다. 그러나 이 책에 담긴 글로벌 최첨단 사례를 확보하기 위해 나의 뇌만으로는 부족했다. 나는 'AI라는 확장된 뇌'를 사용했다. 미국 메이저리그의 트래킹 데이터, 영국 프리미어리그의 전술 분석 리포트, 최신 논문을 수집하기 위해 구글의 Gemini, NotebookLM, Claude를 밤낮없이 가동했다. 이것이 부끄러운 일인가? 아니다. "물리적 한계를 기술로 극복한다"는 이 책의 메시지를 집필 과정에서부터 실천한 것이다. 내가 연구실에서 잉글랜드 4부 리그 브렌트퍼드의 데이터 혁명을 해부할 수 있었던 것은 바로 이 기술 덕분이다. 시공간의 제약은 더 이상 핑계가 될 수 없다.

이 책이 다루는 영역은 방대하다. 1장에서는 컴퓨터

비전 기반의 마커리스 포즈 추정 기술이 선수의 관절을 추적하여 0.01초의 찰나를 3D 좌표로 변환하는 과정을 다룬다. FIFA의 반자동 오프사이드 판독 기술(SAOT)이 판정 시간을 70초에서 25초로 단축시킨 혁신이 등장한다. 2장에서는 구글 딥마인드와 리버풀 FC가 개발한 TacticAI가 코너킥 전술을 설계하는 과정을 살펴본다. 전문가들이 블라인드 테스트에서 AI 전술을 90%의 확률로 선호한 결과는 감독의 '촉'이 데이터로 검증되는 시대를 보여 준다. 3장에서는 AI가 선수의 심박수, 수면의 질, 훈련 부하를 분석하여 부상을 예언하는 세계를 탐구한다. Zone7 플랫폼이 유럽 명문 구단의 부상 발생률을 20% 이상 감소시킨 성과가 등장한다. 4장에서는 IBM과 세비야 FC의 'Scout Advisor'가 20만 건의 텍스트 보고서를 분석하여 저평가된 선수를 발굴하는 지능형 스카우팅을 다룬다. 5장에서는 2024년 KBO가 세계 최초로 1군 무대에 도입한 로봇 심판(ABS)의 현장을 기록한다. 6장과 7장에서는 AI 무인 중계가 방송 제작비의 90%를 절감하여 아마추어 스포츠를 미디어 시장으로 끌어들인 혁명, 스마트폰 앱 하나로 유망주를 발굴하는 생활 체육의 민주화를 다룬다. 8장에서는 태어날 때부터 디지털인 e스포츠가 AI 실험의 최전선임을 보여 주고, 9장에서는 베팅 산업의 AI 감시 시스템이 승부 조작을 탐지하는 창과 방패의 전쟁을 조망한다. 마지막 10장에서는 이 모든 기술 위에서 인간은 무엇을 해야 하는가라는 질문을 던진다.

이쯤에서 비판이 들려온다. 세 가지 목소리가 있다.

첫째, "AI는 돈 있는 구단의 전유물이다. 빈익빈 부익부를 가속화한다"는 비판이다. 반은 맞고 반은 틀리다. 초기 비용은 높다. 그러나 스탠퍼드의 '오픈캡(OpenCap)'은 스마트폰 두 대만으로 3D 모션 캡처를 가능하게 하여 진입 장벽을 낮추고 있다. 과거 수억 원짜리 장비가 필요했던 분석이 이제 클라우드 위에서 이루어진다. 브렌트퍼드 FC는 데이터 분석으로 180만 파운드에 영입한 선수를 2800만 파운드에 되팔며 74년 만에 프리미어리그에 승격했다. 언더독의 반란은 AI가 있기에 가능하다. 양극화는 기술의 문제가 아니라, 기술을 도입하려는 '의지'의 문제다.

둘째, "0.01초 만에 판정하는 AI 심판 앞에서 인간 심판은 거수기일 뿐이다"라는 비판이다. 인간 개입은 불가능한 당위론이라는 것이다. 틀렸다. 인간의 역할은 '판정(Execution)'에서 '정의(Definition)'로 이동해야 한다. 스트라이크 존을 어떻게 설정할지, 오프사이드의 깻잎

한 장 차이를 어떻게 정의할지 합의하는 것은 여전히 인간의 몫이다. AI는 합의된 규칙을 감정 없이 집행하는 충실한 대리인일 뿐이다. 권위가 사라진 것이 아니라 투명해진 것이다.

셋째, "모두가 내시 균형(Nash Equilibrium)에 도달하면, 실수가 없는 스포츠는 지루해진다"는 비판이다. 기우(杞憂)다. 알파고의 등장이 바둑을 지루하게 만들었는가? 아니다. 인간이 상상하지 못한 '제37수'를 보여 주며 창의성의 지평을 넓혔다. 리버풀이 AI 코너킥 전술로 바르셀로나를 무너뜨린 것처럼, 최적화는 지루함이 아니라 '더 높은 차원의 수 싸움'을 유도한다. AI가 완벽한 방패를 만들면, 인간은 AI를 뚫을 새로운 창을 고안해 낼 것이다. 우리가 열광하는 것은 AI가 예측하지 못한 1%의 역전이다. 그 1%가 스포츠를 스포츠답게 만든다.

시장은 이미 움직이고 있다. 얼라이드 마켓 리서치에 따르면 전 세계 스포츠 AI 시장 규모는 2022년 22억 달러에서 연평균 30.1%씩 성장하여 2032년 297억 달러, 한화로 약 40조 원에 달할 전망이다. 또 다른 예측은 2034년 607억 달러 돌파를 점친다. 스마트 경기장 시장만 해도 2029년 417억 달러 규모로, 경기장은 단순한 관람석이 아니라 거대한 데이터 수집 센서가 된다. 북미가 시장의 39%를 점유하고, 스포츠 구단 경영진의 88%가 AI에 긍정적이며, 85%는 이미 구현 중이다.

기술의 진화도 가속화되고 있다. NFL과 AWS가 개발한 '디지털 애슬리트(Digital Athlete)'는 현실의 선수를 가상공간에 복제하여 수만 번의 부상 시뮬레이션을 돌린다. F1의 오라클 레드불 레이싱은 레이스를 미리 1000번 달려보고 타이어 전략을 짠다. 생성형 AI는 '나만을 위한 하이라이트'를 만든다. 내가 좋아하는 선수의 시점으로 경기를 재구성하고, 팬은 시청자(Viewer)에서 사용자(User)가 된다. 현실과 가상의 경계가 희미해지는 미래가 이미 도착했다.

AI는 대체자가 아니다. '제2의 눈(Second set of eyes)'이다. 우리는 경험을 버리는 것이 아니라 경험을 검증하는 것이다. 체스 챔피언 가리 카스파로프는 1997년 IBM 딥블루에 패배한 후 '어드밴스드 체스'를 제안했다. 인간과 컴퓨터가 팀을 이뤄 대결하는 방식이다. 결과는 흥미로웠다. 최고의 인간도, 최고의 컴퓨터도, 인간과 컴퓨터의 협력 팀에게 패배했다. 카스파로프는 말했다. "AI와 협력하는 인간은, AI가 없는 인간을 이긴다."

이 책은 야구공의 실밥을 세는 책이 아니다. 데이터가 어떻게 100년 된 스포츠 산업의 문법을 다시 쓰고 있는지 보여 주는 '미래 산업의 항해 지도'다. 나는 한국의 연구자로서 AI를 빌려 전 세계의 데이터를 긁어모아 이 지도를 완성했다. 이제 독자인 당신이 이 지도를 들고 항해를 떠날 차례다.

01
컴퓨터 비전과 동작 분석

스포츠의 찰나, 0.01초의 승부는 더 이상 인간의 눈에만 의존하지 않는다. 컴퓨터 비전과 딥러닝 기술은 선수의 관절 움직임부터 공의 궤적까지 모든 것을 데이터화 한다. 이 장에서는 마커리스 모션 캡처와 반자동 판독 기술이 어떻게 스포츠의 공정성을 확보하고 경기력을 혁신하는지, 구체적인 기술 원리와 현장 적용 사례를 통해 심층적으로 분석한다.

기후 위기와 인공지능?

마커리스 모션 캡처의 기술적 원리

인간의 움직임을 정량화하려는 시도는 오래되었다. 전통적인 방식은 신체의 주요 관절에 반사 마커를 부착하고 적외선 카메라로 추적하는 것이었다. 이 방법은 정확하지만 치명적인 한계를 지닌다. 선수는 움직임을 방해하는 마커를 몸에 붙여야 하고, 수십 대의 고가 장비가 설치된 실험실 환경에서만 측정이 가능하다. 경기장에서 실시간으로 데이터를 수집한다는 것은 불가능에 가까웠다.

컴퓨터 비전 기반의 '마커리스 포즈 추정(Markerless Pose Estimation)' 기술은 이 패러다임을 뒤집었다. 핵심 원리는 단순하다. 카메라가 촬영한 2차원 영상에서 인체의 관절 위치를 딥러닝 알고리즘이 추론하고, 복수의 카메라 영상을 종합하여 3차원 좌표로 변환한다. 선수의 몸에는 아무것도 부착하지 않는다. 오직 영상 데이터만으로 골격의 움직임을 재구성한다.

이 기술의 작동 방식을 단계별로 살펴보면 다음과 같다. 먼저 고속 카메라가 선수의 움직임을 촬영한다. 딥러닝 모델은 각 프레임에서 인체의 주요 관절 포인트, 예컨대 어깨, 팔꿈치, 손목, 골반, 무릎, 발목 등의 위치를 픽셀 좌표로 검출한다. 이 과정에서 합성곱 신경망

(CNN)이 활용된다. 수백만 장의 인체 이미지로 학습된 모델은 다양한 자세, 다양한 각도, 심지어 일부가 가려진 상황에서도 관절의 위치를 높은 정확도로 추정한다.

단일 카메라의 2차원 좌표만으로는 깊이 정보를 알 수 없다. 여기서 복수의 카메라가 필요해진다. 서로 다른 각도에서 촬영한 영상들을 삼각 측량(triangulation) 기법으로 결합하면 각 관절의 3차원 좌표가 도출된다. FIFA의 반자동 오프사이드 판독 기술이 경기장 상단에 12대의 추적 카메라를 배치하는 이유가 여기에 있다. 카메라의 수가 많을수록, 그리고 배치 각도가 다양할수록 3차원 재구성의 정확도는 높아진다.

데이터의 밀도 또한 중요하다. FIFA의 시스템은 선수당 29개의 관절 포인트를 추적한다. 손가락 끝, 발끝, 척추의 각 마디까지 세분화된 추적이 이루어진다. 이 29개의 포인트가 초당 50회, 즉 0.02초마다 갱신된다. 인간의 눈이 인식할 수 없는 0.01초의 찰나도 이 시스템에서는 명확한 좌표값으로 기록된다. 오프사이드 여부를 판정할 때 선수의 발끝이 수비 라인보다 수 센티미터 앞서 있었는지, 그 순간이 정확히 언제였는지를 밀리미터와 밀리초 단위로 확정할 수 있다.

FIFA의 반자동 오프사이드 판독 기술

2022년 카타르 월드컵은 축구 역사에서 기술적 전환점으로 기록된다. 국제축구연맹(FIFA)은 이 대회에서 '반자동 오프사이드 판독 기술(Semi-Automated Offside Technology, SAOT)'을 전면 도입했다. 기존의 비디오 판독(VAR) 시스템이 가진 근본적인 한계를 극복하기 위한 선택이었다.

VAR의 문제는 속도와 정밀도의 상충이었다. 오프사이드 판정은 본질적으로 시간과 공간의 동시 측정을 요구한다. 공이 패스되는 정확한 순간, 공격수의 신체 어느 부위가 수비 라인의 어느 지점보다 앞서 있었는가. 이 판단을 인간의 눈과 2차원 영상만으로 내리는 것은 본질적으로 오류를 수반한다. VAR 심판은 영상을 반복 재생하며 프레임 단위로 분석해야 했고, 이 과정에서 평균 70초가 소요되었다. 경기 흐름은 끊기고, 관중의 열기는 식었다.

SAOT는 이 문제를 기술로 해결했다. 시스템의 구성 요소는 크게 세 가지다. 첫째, 경기장 지붕 아래에 설치된 12대의 추적 카메라다. 이 카메라들은 경기장 전체를 커버하며 모든 선수의 움직임을 실시간으로 추적한다. 둘째, 공 내부에 탑재된 관성측정센서(IMU)다. 이 센서는 공이 발에 맞는 순간, 즉 '킥 포인트(Kick Point)'를 밀리초 단위로 감지한다. 셋째, 이 모든 데이터를 실시간으로 처리하는 인공지능 시스템이다.

작동 과정을 구체적으로 살펴보면 다음과 같다. 공격수가 패스를 시도하는 순간, 공 내부의 IMU 센서가 충격을 감지하고 정확한 타임스탬프를 기록한다. 동시에 12대의 카메라가 수집한 영상 데이터에서 딥러닝 모델이 모든 선수의 29개 관절 포인트 위치를 추출한다. 시스템은 킥 포인트 순간의 프레임을 특정하고, 해당 프레임에서 공격수와 수비수의 정확한 3차원 좌표를 비교한다. 오프사이드 여부는 수치로 즉시 판정된다.

결과적으로 SAOT는 판정 시간을 70초에서 25초 내외로 단축시켰다. 경기 흐름의 단절이 최소화되었다. 더 중요한 것은 정확도다. 인간의 눈으로는 판별할 수 없는 수 센티미터의 차이, 0.01초의 시간차가 객관적 수치로 확정된다. 논쟁의 여지가 사라진다. 2022 카타르 월드컵에서 이 기술은 여러 차례 결정적인 오프사이드 판정에 활용되었고, 판정 시비는 과거 대회에 비해 현저히 줄어들었다.

이 기술이 갖는 함의는 단순히 판정 속도의 개선에 그치지 않는다. 축구라는 스포츠에서 '공정성'의 기준 자체가 재정의되고 있다. 과거에는 심판의 시야, 판단력, 경험에 의존할 수밖에 없었던 영역이 이제는 밀리미터와 밀리초 단위의 데이터로 대체된다. 인간의 주관이 개입할 여지가 줄어들고, 경기 결과는 보다 객관적인 기준에 의해 결정된다.

체조 심판을 보조하는 AI: 후지쯔 JSS

체조는 스포츠 중에서도 가장 복잡한 채점 체계를 가진 종목이다. 선수는 불과 수 초 동안 공중에서 여러 차례 회전하고, 비틀고, 착지한다. 심판은 이 찰나의 동작에서 다리의 벌림 각도, 무릎의 굽힘 정도, 회전수, 착지의 정확성을 동시에 평가해야 한다. 인간의 인지 능력으로는 모든 것을 정확히 포착하기 어렵다. 오심과 편파 판정에 대한 논란은 체조 역사에서 끊이지 않았다.

국제체조연맹(FIG)은 이 문제를 해결하기 위해 2019년부터 후지쯔(Fujitsu)가 개발한 '심판 지원 시스템(Judging Support System, JSS)'을 도입했다. 시스템의 핵심은 3D 레이저 센서와 컴퓨터 비전 기술의 결합이다. 경기장에 설치된 센서들이 선수의 움직임을 3차원 데이터로 실시간 계측한다. 딥러닝 모델은 이 데이터를 분석하여 동작의 난이도와 완성도를 수치화한다.

JSS가 측정하는 요소들을 구체적으로 살펴보면 기술의 정교함이 드러난다. 도마 종목을 예로 들어 보자. 선수가 도마를 짚고 도약하여 공중에서 3회전을 수행한다고 가정하자. 이 동작은 약 1초 남짓 지속된다. 인간 심판은 이 1초 동안 회전수가 정확히 3회인지, 신체가 충분히 펴져 있었는지, 다리가 벌어지지 않았는지를 동시에 판단해야 한다. JSS는 같은 1초를 수백 개의 프레임으로 분할하고, 각 프레임에서 신체의 3차원 좌표를 추출한다. 회전 각도는 도(degree) 단위로 정확히 계산된다. 다리 벌림 각도가 규정을 초과했는지, 무릎이 몇 도 굽혀져 있었는지가 객관적 수치로 제시된다.

2023년 벨기에 앤트워프에서 열린 세계선수권대회는 JSS의 역량을 검증하는 무대가 되었다. 이 대회에서 JSS는 전 종목에 적용되었고, 인간 심판 판정과의 일치율은 94% 이상을 기록했다. 이 수치가 의미하는 바는 명확하다. AI 시스템이 인간 심판과 거의 동일한 수준의 판정을 내릴 수 있다는 것이다. 동시에 6%의 불일치가 존재한다는 사실은 기술이 아직 완전하지 않음을, 그리고 인간 심판의 역할이 여전히 필요함을 시사한다.

국제체조연맹 회장 와타나베 모리나리(Watanabe Morinari)는 이 기술의 성격을 명확히 규정했다. "우리는 심판을 대체하는 것이 아니라 지원하는 것이다. 하지만 0.01초 차이로 승부가 갈리는 스포츠에서 인간의 눈은 한계가 분명하며, 기술은 그 빈틈을 완벽하게 메운다." 이 발언은 인간과 기계의 협업 모델을 제시한다. 최종 판정 권한은 여전히 인간 심판에게 있다. 그러나 심판은 이제 자신의 눈만으로는 포착할 수 없었던 정밀한 데이터를 참조할 수 있다. 주관적 판단이 객관적 수치에 의해 보완되는 구조다.

JSS의 도입은 체조계에 구조적 변화를 예고한다. 과거에는 특정 국가 출신 심판의 편파 판정이나, 연기 순서에 따른 점수 인플레이션 등이 논란이 되었다. 객관적 데이터가 판정의 기준으로 제시되면 이러한 논란의 여지는 줄어든다. 선수 입장에서도 변화가 생긴다. 훈련 과정에서 JSS와 유사한 시스템을 활용하면 자신의 동작을 수치로 확인하고 개선점을 파악할 수 있다. 코치의 경험과 직관에만 의존하던 훈련 방법론이 데이터 기반으로 전환되는 것이다.

MLB의 투구 분석과 부상 예방

야구는 데이터 분석의 역사가 가장 긴 스포츠 중 하나다. 타율, 출루율, 장타율 같은 전통적 지표에서 시작하여 세이버메트릭스의 등장으로 경기 분석의 패러다임이 바뀌었다. 그러나 투구 동작의 분석은 오랫동안 데이터화되지 못한 영역이었다. 투수가 공을 던지는 동작은 불과 0.5초 만에 완료된다. 이 짧은 시간 동안 어깨, 팔꿈치, 손목, 척추, 골반, 무릎, 발목의 움직임을 정밀하게 측정하는 것은 전통적 방법으로는 불가능에 가까웠다.

메이저리그(MLB)는 2020년부터 전 구장에 '호크아이(Hawk-Eye)' 트래킹 시스템을 도입했다. 이 시스템의 핵심은 고속 카메라다. 초당 300프레임을 촬영하는 카메라들이 경기장 곳곳에 배치되어 투수의 모든 동작을 기록한다. 0.5초의 투구 동작이 150개의 프레임으로 분해되고, 각 프레임에서 신체의 주요 관절 위치가 추적된다.

호크아이가 측정하는 데이터의 범위는 광범위하다. 릴리스 포인트, 즉 공이 손을 떠나는 정확한 위치가 센티미터 단위로 기록된다. 투구 시 팔꿈치의 각도, 어깨의 외전(外轉) 정도, 척추의 기울기, 골반의 회전 각도, 디딤발과 앞발 사이의 보폭이 모두 수치화된다. 이 데이터는 경기 직후 선수와 코치에게 제공된다.

이 시스템이 특히 주목받는 이유는 부상 예방에 대한 기여다. 투수의 팔꿈치와 어깨 부상은 야구에서 가장 흔하고 치명적인 부상 유형이다. 연구에 따르면 특정 투구 폼, 예컨대 '역W자' 형태의 팔 동작은 팔꿈치 인대에 과도한 스트레스를 가하여 부상 위험을 높인다. 과거에는 이러한 위험 신호를 포착하기 위해 전문 코치의 경험과 직관에 의존했다. 호크아이 시스템은 이를 객관적 데이터로 대체한다.

선수들은 경기 직후 태블릿을 통해 자신의 투구 데이터를 확인한다. 오늘 릴리스 포인트가 평소보다 3센티미터 낮았는지, 팔꿈치 각도가 위험 범위에 진입했는지, 보폭이 줄어들어 하체 부담이 증가했는지를 즉시 알 수 있다. 미세한 변화가 누적되어 부상으로 이어지기 전에 조기에 감지하고 대응할 수 있는 것이다. 데이터 기반의 부상 예방 체계가 구축된 셈이다.

경기력 향상 측면에서도 호크아이의 기여는 분명하다. 투수는 자신의 가장 효과적인 투구 폼이 어떤 특성을 가지는지 수치로 확인할 수 있다. 특정 구종을 던질 때 릴리스 포인트가 어느 위치에 있어야 하는지, 척추 기울기가 몇 도일 때 구속이 최대화되는지를 데이터로 파악한다. 훈련은 더 이상 막연한 반복이 아니라 구체적인 수치 목표를 향한 조정이 된다.

스마트폰 2대의 혁명: 오픈캡(OpenCap)

지금까지 살펴본 FIFA, FIG, MLB의 시스템들은 공통점이 있다. 고가의 전문 장비와 대규모 인프라를 필요로 한다는 것이다. 12대의 추적 카메라, 3D 레이저 센서, 초당 300프레임의 고속 카메라는 일반인이 접근할 수 있는 기술이 아니다. 엘리트 스포츠와 대형 리그만이 이러한 기술의 혜택을 누릴 수 있었다.

스탠퍼드 대학 연구팀이 개발한 '오픈캡(OpenCap)'은 이 장벽을 허물었다. 울리히(Uhlrich) 등의 연구진이 2023년 《PLOS Digital Health》에 발표한 논문에 따르면, 오픈캡은 단 2대의 스마트폰만으로 3D 신체 역학 데이터를 수집한다(Uhlrich et al., 2023). 전문적인 실험실 장비 없이, 일반 소비자용 스마트폰 카메라만으로 인체 움직임의 정밀한 분석이 가능해진 것이다.

기술적 원리는 기존 마커리스 모션 캡처와 유사하다. 두 대의 스마트폰을 서로 다른 각도에 배치하고 동시에 촬영한다. 딥러닝 모델이 영상에서 관절 포인트를 검출하고, 두 영상을 결합하여 3차원 좌표를 계산한다. 차이점은 하드웨어의 접근성에 있다. 고가의 전문 카메라 대신 누구나 가지고 있는 스마트폰을 활용한다.

정확도는 어떠한가. 연구팀의 검증 결과, 오픈캡의 오

차 범위는 기존 마커 기반 시스템 대비 15밀리미터 이내였다. 15밀리미터는 약 1.5센티미터다. 엘리트 스포츠의 정밀한 동작 분석에는 부족할 수 있지만, 일반적인 재활 치료, 아마추어 스포츠, 기초 연구 목적으로는 충분한 정확도다.

울리히 등의 연구진은 이 기술의 의의를 다음과 같이 설명했다. "오픈캡(OpenCap)은 전문적인 실험실 밖에서 인간의 움직임 역학을 정량화할 수 있게 함으로써, 질병의 진행을 모니터링하거나 엘리트 선수의 부상 위험을 선별하는 방식을 민주화했다"(Uhlrich et al., 2023: 2). '민주화'라는 표현이 핵심이다. 전에는 대형 연구 기관이나 프로 스포츠팀만이 접근할 수 있었던 기술이 이제는 개인 연구자, 소규모 클리닉, 아마추어 스포츠팀에게도 열렸다.

응용 가능성은 광범위하다. 재활의학 분야에서 환자의 보행 패턴을 분석하고 회복 경과를 추적할 수 있다. 파킨슨병, 뇌졸중, 관절염 환자의 움직임 변화를 정량적으로 모니터링하는 것이 가능해진다. 스포츠 분야에서는 아마추어 선수나 동호인이 자신의 폼을 분석하고 개선할 수 있다. 고가의 장비가 없어도 데이터 기반의 훈련이 가능해지는 것이다.

오픈캡의 등장은 기술 확산의 전형적인 패턴을 보여준다. 초기에는 고가의 전문 장비로만 가능했던 기술이 점차 저렴하고 접근성 높은 형태로 진화한다. 마커리스 모션 캡처 기술도 같은 경로를 밟고 있다. FIFA의 SAOT와 같은 첨단 시스템에서 시작된 기술이 스마트폰 앱의 형태로 일반 대중에게 확산되는 것이다.

기술이 열어젖힌 스포츠 분석의 민주화

컴퓨터 비전 기반의 동작 분석 기술이 스포츠에 미치는 영향을 종합하면 몇 가지 핵심적인 변화가 관측된다. 첫째, 판정의 객관화다. FIFA의 SAOT, FIG의 JSS는 인간 심판의 주관적 판단을 객관적 데이터로 보완하거나 대체한다. 0.01초, 수 밀리미터 단위의 정밀한 측정이 가능해지면서 판정 시비가 줄어들고 경기의 공정성이 제고된다.

둘째, 경기력 분석의 심화다. MLB의 호크아이 시스템은 투수의 모든 동작을 수치화하여 선수와 코치에게 제공한다. 과거에는 경험과 직관에 의존하던 훈련 방법론이 데이터 기반으로 전환된다. 선수는 자신의 강점과 약점을 객관적 수치로 파악하고, 구체적인 개선 목표를 설정할 수 있다.

셋째, 부상 예방 체계의 구축이다. 투구 폼의 미세한 변화, 관절 각도의 이상 징후가 데이터로 조기에 감지된다. 부상이 발생하기 전에 예방 조치를 취할 수 있는 가능성이 열린다. 이는 선수 개인의 건강뿐 아니라 팀과 리그 전체의 경쟁력에도 영향을 미친다.

넷째, 기술 접근성의 확대다. 오픈캡과 같은 저비용 솔루션의 등장으로 동작 분석 기술이 엘리트 스포츠를 넘어 일반 대중에게 확산되고 있다. 재활 치료, 아마추어 스포츠, 기초 연구 등 다양한 분야에서 활용 가능성이 열렸다. 기술의 '민주화'가 진행되고 있는 것이다.

이러한 변화들은 스포츠의 본질에 대한 근본적인 질문을 제기한다. 인간의 신체 능력과 기술의 경쟁이었던 스포츠에서 데이터와 알고리즘의 역할은 어디까지인가. 심판의 판정 권한은 어디까지 기계에 위임되어야 하는가. 모든 동작이 수치화되고 분석되는 환경에서 스포츠의 예측 불가능성과 인간적 드라마는 어떻게 보존될 수 있는가.

이 질문들에 대한 답은 아직 확정되지 않았다. 분명한 것은 기술의 발전이 멈추지 않을 것이라는 점이다. 마커리스 모션 캡처의 정확도는 계속 향상될 것이고, 분석 가능한 데이터의 범위는 확대될 것이다. 스포츠계는 이 기술적 변화에 적응하면서 동시에 스포츠 고유의 가치를 보존하는 균형점을 찾아야 한다. 보이지 않는 것을 보는 기술의 눈은 이미 경기장 곳곳에서 작동하고 있다. 그 눈이 무엇을 향해야 하는지를 결정하는 것은 여전히 인간의 몫이다.

참고문헌

FIFA(2022.7.1). Semi-automated offside technology to be used at FIFA World Cup 2022. https://www.fifa.com/technical/media-releases/semi-automated-offside-technology-to-be-used-at-fifa-world-cup-2022-tm

Fujitsu(2023.10.5). “Official launch of AI-powered Judging Support System marks major milestone in years-long collaboration”. Fujitsu Global News. https://www.fujitsu.com/global/about/resources/news/press-releases/2023/1005-02.html

MLB(2020.7.21). Introducing Statcast 2020: Hawk-Eye and Google Cloud. MLB Technology Blog.

Uhlrich, S. D. et al.(2023). OpenCap: Human movement dynamics from smartphone videos. *PLOS Computational Biology, 19(10)*, e1011462.

02
벤치 위의 AI 코치

퍼거슨의 껌 씹는 속도나 감독의 '촉'으로 대변되던 스포츠 전술의 시대는 끝났다. 현대 스포츠의 벤치에는 보이지 않는 수석 코치, 인공지능이 앉아 있다. 기하학적 딥러닝과 시공간 데이터를 무기로 무장한 AI는 인간이 감지하지 못하는 패턴을 읽고, 승리 확률을 0.1%라도 높일 수 있는 최적의 수를 제안한다. 이 장에서는 리버풀 FC의 코너킥 전술부터 NBA의 유령(Ghosting) 수비 전술까지, 데이터가 어떻게 경기장의 지배자가 되었는지 분석한다.

노래하는 AI 보컬?

그래프로 읽는 축구: 기하학적 딥러닝의 원리

축구는 AI에게 까다로운 과제다. 22명의 선수가 105미터×68미터의 필드 위에서 끊임없이 움직인다. 공 하나를 두고 벌이는 상호작용은 매 순간 변화한다. 농구처럼 공격과 수비가 명확히 구분되지 않고, 야구처럼 투수와 타자의 일대일 대결로 환원되지도 않는다. 모든 선수가 동시에 영향을 주고받는 복잡계다. 이런 환경에서 패턴을 추출하려면 전통적인 통계 기법으로는 한계가 있다.

구글 딥마인드 연구진은 이 문제를 '기하학적 딥러닝(Geometric Deep Learning)'으로 접근했다. 핵심은 축구 경기를 그래프(Graph) 구조로 변환하는 것이다. 그래프는 '노드(Node)'와 '엣지(Edge)'로 구성된 수학적 구조다. 노드는 개별 요소를, 엣지는 요소 간의 관계를 나타낸다. 소셜 네트워크에서 사용자가 노드이고 친구 관계가 엣지인 것과 같은 원리다.

축구에 이 구조를 적용하면 선수 한 명이 하나의 노드가 된다. 공격수 A와 수비수 B 사이의 거리, 패스 가능성, 마킹 관계 등이 엣지로 표현된다. 중요한 것은 이 그래프가 고정되어 있지 않다는 점이다. 경기 시간이 흐르면서 선수들의 위치가 바뀌고, 그에 따라 노드 간의 관계도 재계산된다. 시간에 따라 진화하는 동적 그래프다.

그래프 신경망(Graph Neural Network, GNN)은 이러한 그래프 구조에서 패턴을 학습한다. 각 노드는 주변 노드들의 정보를 수집하고, 이를 바탕으로 자신의 상태를 업데이트한다. 이 과정이 여러 층에 걸쳐 반복되면 네트워크는 국지적 관계뿐 아니라 전체 그래프의 구조적 특성까지 파악하게 된다. 축구로 치환하면, 한 선수의 위치가 팀 전체의 전술 구도에 어떤 영향을 미치는지를 계산할 수 있다는 뜻이다.

구글 딥마인드의 페타르 벨리치코비치(Petar Veličković) 연구원은 이 접근법의 의의를 다음과 같이 설명했다. "축구와 같은 동적인 스포츠를 분석하는 것은 AI에 있어 가장 도전적인 과제 중 하나다. 우리는 경기를 기하학적 그래프로 변환함으로써, 단순한 통계를 넘어 '관계'를 학습시켰다." 단순히 슈팅 횟수나 점유율 같은 집계 지표가 아니라, 선수 간의 상호작용 자체를 데이터로 삼은 것이다.

기하학적 딥러닝이 축구에 적합한 또 다른 이유는 '불변성(invariance)' 처리에 있다. 같은 전술이라도 필드의 왼쪽에서 펼쳐지느냐 오른쪽에서 펼쳐지느냐에 따라 좌표값은 완전히 달라진다. 그러나 전술의 본질은 동일하다. 그래프 신경망은 이러한 공간적 변환에 대해 불변하는 특성을 학습할 수 있다. 거울 대칭 상황에서도 같은 전술로 인식하고, 선수 배치가 약간 달라져도 유사한 패턴으로 분류한다.

TacticAI와 리버풀 FC의 코너킥 혁명

구글 딥마인드와 리버풀 FC의 협업 결과물인 'TacticAI'는 기하학적 딥러닝의 실제 적용 사례다. 이 시스템은 특히 코너킥 상황에 집중했다. 코너킥은 축구에서 득점 기회가 가장 높은 세트피스 중 하나다. 골문과 가까운 위치에서 공격팀이 공을 점유한 상태로 시작하기 때문이다. 프리미어리그 기준으로 한 시즌에 팀당 수백 번의 코너킥 기회가 발생한다. 이 중 일부만 득점으로 연결되어도 순위에 결정적 영향을 미친다.

TacticAI의 연구 내용은 2024년 《Nature Communications》에 게재되었다(Wang et al., 2024). 연구진은 리버풀 FC의 실제 경기 데이터를 활용하여 시스템을 훈련시켰다. 코너킥 상황에서 공격수와 수비수의 초기 배치, 키커의 위치, 공의 궤적, 그리고 결과적으로 누가 공을 처음 터치했는지를 그래프 구조로 변환했다.

시스템의 핵심 기능은 두 가지다. 첫째, 예측이다. 주어진 배치에서 코너킥 직후 공을 처음 터치할 선수, 즉

'리시버(receiver)'가 누구인지를 예측한다. 연구 결과에 따르면 TacticAI의 'Top-3 정확도'는 78%를 기록했다. 이는 AI가 제시한 상위 세 명의 후보 중에 실제 리시버가 포함될 확률이 78%라는 의미다. 인간 코치나 기존 통계 모델을 상회하는 수치다.

둘째, 전술 생성이다. TacticAI는 상대 팀의 수비 배치가 주어졌을 때 최적의 공격 배치를 제안한다. 반대로 상대의 공격 배치에 대응하는 수비 배치도 생성한다. 단순히 과거 데이터에서 유사한 사례를 검색하는 것이 아니다. 그래프 신경망이 학습한 전술적 원리를 바탕으로 새로운 배치를 '창작'한다.

이 시스템의 실효성을 검증하기 위해 연구진은 블라인드 테스트를 실시했다. 리버풀 FC의 데이터 전문가 5명이 참여했다. 영상 분석가 3명, 데이터 과학자 1명, 어시스턴트 코치 1명으로 구성된 이들에게 AI가 생성한 전술과 인간이 설계한 전술을 섞어서 제시했다. 결과는 놀라웠다. 전문가들은 AI 전술과 인간 전술을 구분하지 못했다. 더 흥미로운 사실은 전문가들이 AI가 제안한 전술을 90%의 확률로 더 선호했다는 점이다.

이 수치가 의미하는 바는 명확하다. AI가 생성한 전술이 인간 전문가의 기준에서도 합리적이고 효과적으로 평가되었다는 것이다. AI는 더 이상 인간 코치의 보조 도구에 머물지 않는다. 전술 설계의 주체로서 인간과 동등하거나 그 이상의 역량을 보여 주고 있다.

유령이 가르치는 수비: NBA의 고스팅 기술

농구는 축구보다 공간이 제한되어 있다. 28미터 × 15미터의 코트 위에서 10명의 선수가 움직인다. 밀도가 높고, 상호작용이 더 빈번하다. 그만큼 데이터 수집과 분석의 효율성도 높아진다.

NBA는 이 환경을 적극 활용했다. 모든 NBA 경기장에는 고해상도 트래킹 카메라가 설치되어 있다. 이 카메라들은 공과 선수의 X, Y, Z 좌표를 초당 25회 추적한다. 한 경기가 48분이므로, 단순 계산만 해도 어마어마한 양의 데이터가 쌓인다. NBA의 공식 발표에 따르면 한 경기당 약 1000만 개의 데이터 포인트가 수집된다.

이 데이터를 분석하는 핵심 기법 중 하나가 '유령(Ghosting)'이다. 원리는 직관적이다. 실제 경기 영상 위에 '이 상황에서 이상적인 수비 위치'를 반투명한 아바타로 겹쳐서 보여 준다. 마치 유령처럼 보인다고 해서 붙은 이름이다. 코치와 선수는 실제 자신의 위치와 이상적 위치 사이의 차이를 시각적으로 확인할 수 있다.

고스팅의 학습 데이터는 과거의 수많은 경기 영상이다. AI는 특정 공격 상황에서 수비가 성공했던 사례들을 분석한다. 슈터의 위치, 패스 경로, 수비수들의 배치와 이동 속도를 종합하여 '성공적인 수비'의 패턴을 추출한다. 이 패턴이 새로운 상황에 적용되어 이상적 위치를 산출한다.

NBA 분석 전문가 커크 골즈베리(Kirk Goldsberry)는 이 기술의 목적을 다음과 같이 설명했다. "유령(Ghosting)은 선수를 비난하기 위한 것이 아니다. 우리가 훈련한 대로 움직였는지, 그 0.1초의 판단이 수학적으로 옳았는지를 증명하는 도구다." 감정이나 인상이 아닌 데이터에 기반한 피드백이 가능해진 것이다.

NBA가 도입한 '코트옵틱스(CourtOptix)'는 고스팅 기술의 진화형이다. 이 시스템은 마이크로소프트 애저(Azure) 클라우드 플랫폼과 연동되어 실시간 분석을 제공한다. 예를 들어 수비수가 슈터와의 거리를 1피트(약 30센티미터) 좁혔을 때 슛 성공률이 얼마나 떨어지는지를 즉시 계산한다. 코치는 타임아웃 시간에 이 정보를 활용할 수 있다.

구체적인 활용 시나리오를 상상해 보자. 상대 팀의 A 선수가 왼쪽 45도 지점에서 높은 슛 성공률을 기록하고 있다. 코트옵틱스 데이터에 따르면 이 선수는 압박 거리가 2피트 이하로 줄어들면 성공률이 급격히 떨어진다. 코치는 타임아웃 시간에 "A선수가 왼쪽 45도로 이동하면 압박 거리를 2피트 이내로 좁혀라"라고 구체적으로 지시한다. 추상적인 "더 압박해"가 아니라 수치화된 명령이다.

이러한 분석이 가능해지면서 농구 전술의 언어 자체가 바뀌고 있다. 과거에는 "픽앤롤을 잘 방어해라"라는 포괄적 지시가 전부였다. 이제는 "상대 가드가 스크린 후 오른쪽으로 빠질 확률이 73%이니, 스위치하지 말고 언더로 빠져라"라는 수준의 지시가 가능해졌다. 감독의 직관이 데이터의 정밀함으로 대체되고 있다.

디지털 네이티브 스포츠: e스포츠와 AI의 결합

e스포츠는 태생부터 디지털이다. 경기가 컴퓨터 서버 위에서 진행되므로 모든 데이터가 자동으로 기록된다. 선수의 클릭, 키보드 입력, 캐릭터의 이동 경로, 스킬 사용 시점, 획득한 자원량까지 빠짐없이 로그로 남는다. 물리적 스포츠에서 별도의 트래킹 시스템을 설치해야 얻을 수 있는 데이터가 e스포츠에서는 기본으로 제공된다.

이 환경은 AI 분석에 최적화되어 있다. 데이터 수집의 정확도가 100%에 가깝고 양도 방대하다. 변수 간의 인과관계를 추적하기도 쉽다. 농구에서 "이 슛이 성공한 이유"를 분석하려면 수비수의 위치, 슈터의 컨디션, 공의 궤적 등 다양한 외부 요인을 고려해야 한다. e스포츠에서는 게임 내 변수가 모두 기록되어 있으므로 분석이 훨씬 명확해진다.

북미 명문 프로게임단 팀 리퀴드(Team Liquid)는 이 이점을 적극 활용했다. 팀 리퀴드는 SAP와 협력하여 'HANA 클라우드' 기반의 분석 시스템을 도입했다. 리그 오브 레전드(League of Legends)라는 게임에서 특히 중요한 것이 '밴픽(Ban/Pick)' 단계다. 경기 시작 전에 각 팀이 번갈아가며 사용할 캐릭터를 선택하고, 상대가 사용하지 못하도록 금지할 캐릭터를 지정한다. 이 과정에서 선택의 조합에 따라 경기 전부터 유불리가 결정되기도 한다.

팀 리퀴드는 2022년 부진한 시즌을 보냈다. 이후 분석 시스템을 전면 개편했다. SAP의 분석 도구를 활용하여 상대 팀의 밴픽 패턴 수천 건을 시뮬레이션했다. 상대가 특정 캐릭터를 금지했을 때 어떤 선택이 최적인지, 상대의 선호 조합에 대응하는 카운터 픽은 무엇인지를 데이터로 도출했다.

결과는 2024년 LCS(리그 오브 레전드 챔피언스 시리즈) 스프링 시즌 우승이었다. SAP는 이 성과를 공식 뉴스로 발표했다(SAP, 2024). 물론 우승의 원인을 AI 분석만으로 환원할 수는 없다. 선수 개인의 기량, 팀워크, 멘탈 관리 등 다양한 요인이 복합적으로 작용했을 것이다. 그러나 데이터 분석이 경쟁력의 핵심 요소 중 하나로 자리 잡았다는 점은 분명하다.

e스포츠의 사례는 AI 스포츠 분석의 미래를 예시한다. 데이터가 완전하고 정확할수록 AI의 예측력은 높아진다. 물리적 스포츠도 트래킹 기술의 발전으로 데이터 품질이 향상되고 있다. e스포츠와 물리적 스포츠 사이의 데이터 격차가 줄어들면, 물리적 스포츠에서도 e스포츠 수준의 정밀한 AI 분석이 가능해질 것이다.

데이터 코치의 시대: 감독의 역할 재정의

AI가 전술을 제안하고 선수의 움직임을 평가하는 시대에 감독의 역할은 무엇인가. 이 질문에 대한 답은 '정보 장교'와 '결단자'의 분리로 요약된다.

과거의 감독은 정보 수집자였다. 상대 팀의 경기를 직접 관찰하고, 선수들의 컨디션을 파악하며, 이 모든 정보를 종합하여 전술을 설계했다. 이 과정에서 감독의 경험과 직관이 핵심 역량이었다. 아무리 뛰어난 분석관이 있어도 최종 판단은 감독의 몫이었다.

AI의 등장은 이 구도를 바꿨다. 이제 정보 수집과 분석은 AI가 더 잘한다. 경기당 1000만 개의 데이터 포인트를 인간이 직접 분석하는 것은 불가능하다. AI는 이 데이터에서 패턴을 추출하고, 확률을 계산하며, 최적의 선택지를 제안한다. 감독이 해야 할 일은 이 제안들 중에서 결단을 내리는 것이다.

리버풀 FC의 전 감독 위르겐 클롭(Jürgen Klopp)은 데이터 활용에 적극적인 감독으로 알려져 있다. 그의 철학을 재해석하면 다음과 같다. "이제 감독의 역할은 정보를 수집하는 것이 아니라, AI가 정리해 준 정보 중에서 결단을 내리는 것으로 바뀌었다. AI는 훌륭한 '정보 장교'다". 군대에서 정보 장교가 적의 동향을 분석하여 지휘관에게 보고하듯, AI는 경기 데이터를 분석하여 감독에게 보고한다. 최종 작전 결정은 지휘관인 감독의 몫이다.

이 분업 구조에서 감독에게 요구되는 역량도 달라진다. 데이터를 직접 분석하는 능력보다 데이터를 해석하고 활용하는 능력이 중요해진다. AI가 제안한 여러 선택지의 장단점을 빠르게 파악하고, 현장 상황에 맞게 조정하며, 선수들에게 명확히 전달하는 능력이 필요하다. 또

한 AI가 포착하지 못하는 인간적 요소, 예컨대 선수의 심리 상태나 팀 내 역학 관계를 파악하는 것도 여전히 감독의 고유 영역이다.

동시에 경계해야 할 점도 있다. AI의 제안에 과도하게 의존하면 감독의 판단력 자체가 약화될 수 있다. 데이터가 말해주지 않는 영역에서 결정을 내려야 할 때 무력해질 위험이 있다. AI는 과거 데이터에서 패턴을 학습한다. 전례 없는 상황, 데이터에 없는 변수가 등장했을 때 AI의 제안은 신뢰도가 떨어진다. 이때 인간의 직관과 창의성이 여전히 필요하다.

IBM의 윔블던 테니스 분석 시스템은 이 균형의 사례를 보여 준다. IBM은 윔블던 경기 중 수백만 건의 데이터를 실시간으로 처리하여 승리 확률을 업데이트한다. 생성형 AI 기술을 활용하여 팬들에게 경기 하이라이트와 분석 콘텐츠를 제공한다(IBM, 2024). 그러나 코트 위에서 라켓을 휘두르는 것은 여전히 선수이고, 전략을 조언하는 것은 코치다. AI는 도구이지 주체가 아니다.

스포츠의 본질은 불확실성에 있다. 누가 이길지 모르기 때문에 경기를 보는 것이다. AI가 승률을 99%로 예측해도 1%의 역전이 일어날 수 있다. 그 1%의 가능성이 스포츠를 스포츠답게 만든다. 데이터와 알고리즘이 경기장을 지배하는 시대에도 이 본질은 변하지 않는다. 벤치 위의 AI 코치는 승리 확률을 높여주지만, 경기의 결말을 확정하지는 못한다. 그 간극에서 인간의 드라마가 펼쳐진다.

참고문헌

IBM(2024.6.19). "IBM and Wimbledon use generative AI to bring fans closer to the Championships with new 'Catch Me Up' feature". IBM Newsroom.

NBA(2024). NBA CourtOptix: Powered by Microsoft Azure. NBA.com. https://www.microsoft.com/en/customers/story/19758-national-basketball-association-azure-open-ai-service

SAP(2025.5.27). "Team Liquid Unlocking the Next Level with AI Agents". SAP News Center. https://news.sap.com/2025/05/team-liquid-unlocking-next-level-ai-agents/

Wang, Z. et al.(2024). TacticAI: an AI assistant for football tactics. *Nature Communications, 15*, 1906. https://doi.org/10.1038/s41467-024-45965-x

03
예측하는 AI 주치의

부상은 스포츠 선수의 가장 큰 적이자 통제 불가능한 불운으로 여겨졌다. 하지만 데이터 기술의 발전은 부상을 '확률의 영역'으로 끌어들였다. AI는 선수의 심박수, 뛴 거리, 수면의 질까지 분석해 "내일 훈련하면 햄스트링이 파열될 확률이 85%다"라고 경고한다. 이 장에서는 급성 대 만성 업무 부하 비율(ACWR)과 같은 핵심 지표와 Zone7, NFL의 사례를 통해 AI가 어떻게 예측하고 처방하는지 살펴본다.

인공지능과 편향?

부상 예측의 골든 지표: ACWR

부상 예측 AI의 핵심에는 'ACWR(Acute:Chronic Workload Ratio)'라는 지표가 있다. 계산 방식은 단순하다. 최근 1주간의 훈련 부하(Acute)를 지난 4주간의 평균 부하(Chronic)로 나눈다. 이 비율이 선수의 몸 상태를 말해준다.

개비트(Gabbett)의 2016년 연구는 이 지표의 의미를 규명했다(Gabbett, 2016). ACWR가 0.8에서 1.3 사이일 때가 '스위트 스팟(Sweet Spot)'이다. 이 구간에서는 부상 위험이 가장 낮으면서 경기력 향상 효과는 극대화된다. 선수의 몸이 훈련 부하에 적절히 적응하고 있다는 신호다.

문제는 이 비율이 1.5를 초과할 때 발생한다. 급성 부하가 만성 부하의 1.5배를 넘어서면 부상 위험이 2배에서 4배까지 급증한다. 직관적으로 이해하면 이렇다. 지난 한 달간 평균적으로 뛴 양보다 이번 주에 갑자기 50% 이상 더 뛰면 몸이 버티지 못한다. 근육, 인대, 관절이 적응할 시간 없이 과부하에 노출되는 것이다.

역설적인 상황도 있다. ACWR가 0.8 미만으로 떨어지면 오히려 부상 위험이 다시 높아진다. 훈련량이 너무 적으면 선수의 신체가 경기 강도에 대한 내성을 잃기 때문이다. 개비트는 이를 '훈련-부상 예방의 역설(Training-Injury Prevention Paradox)'이라고 명명했다. 부상을 피하려고 훈련을 줄이면 오히려 부상에 취약해진다는 것이다.

AI는 이 수치를 실시간으로 모니터링한다. 선수가 착용한 GPS 트래커와 심박 센서에서 데이터가 수집되고, 알고리즘이 ACWR를 계산한다. 수치가 위험 구간에 진입하면 코치에게 경고가 전송된다. "A선수의 ACWR가 1.6에 도달했습니다. 오늘 고강도 훈련 참여를 권장하지 않습니다." 이런 식이다.

외적 부하와 내적 부하의 균형

ACWR만으로는 부족하다. 같은 거리를 뛰어도 선수마다 느끼는 피로도는 다르다. 여기서 '외적 부하'와 '내적 부하'의 구분이 중요해진다.

외적 부하는 측정 가능한 물리적 양이다. GPS로 측정한 총 이동 거리, 스프린트 횟수, 가속과 감속의 빈도가 여기에 해당한다. 객관적이고 비교하기 쉽다. "A선수는 오늘 12킬로미터를 뛰었다"는 명확한 수치다.

내적 부하는 신체가 실제로 느끼는 부담이다. 심박 변이도(HRV), 젖산 농도, 주관적 피로도(RPE) 등이 지표로 활용된다. 같은 12킬로미터를 뛰어도 어제 숙면을 취한 선수와 불면에 시달린 선수의 내적 부하는 다르다. 컨디션이 좋은 날에는 심박수가 빨리 회복되고, 나쁜 날에는 회복이 더디다.

AI는 이 두 가지 부하의 균형을 분석한다. 외적 부하는 평소와 비슷한데 내적 부하 지표가 급격히 상승했다면, 선수의 몸에 이상이 생겼다는 신호다. 감기 초기 증상일 수도 있고, 과훈련 증후군(Overtraining Syndrome)의 전조일 수도 있다. 어느 쪽이든 훈련 강도를 조절해야 한다는 경고다.

과훈련 증후군은 한 번 발생하면 회복에 수개월이 걸린다. 만성 피로, 경기력 저하, 면역력 약화가 동반된다. 조기에 감지하지 못하면 시즌 전체를 망칠 수 있다. AI의 역할은 이 증후군이 발현되기 전에 전조 증상을 포착하는 것이다.

Zone7: 유럽 축구의 부상 예측 플랫폼

이스라엘 스타트업 Zone7은 AI 부상 예측 플랫폼의 대표 주자다. 리버풀 FC, SSC 나폴리 등 유럽 명문 구단들이 이 시스템을 사용한다. Zone7의 공식 발표에 따르면, 플랫폼 도입 후 부상 발생률이 평균 20% 이상 감소했다

(Zone7, 2023).

Zone7의 알고리즘은 수만 건의 과거 부상 데이터를 학습했다. 학습의 결과물은 개별화된 예측 모델이다. "A 선수는 스프린트 횟수가 주당 30회를 넘기면 3주 내 근육 부상 확률이 높다"는 식의 패턴을 찾아낸다. 선수마다 취약점이 다르고, AI는 그 차이를 인식한다.

Zone7 CEO 탈 브라운(Tal Brown)은 이 기술의 본질을 이렇게 설명했다. "우리는 부상을 예측하는 것이 아니라 예방하는 것이다. AI가 보내는 경고는 자동차의 엔진 경고등과 같다. 무시하고 달릴 수도 있지만, 결국 차는 멈추게 된다." 예측은 수단이고, 예방이 목적이라는 뜻이다.

리버풀 FC의 전 감독 위르겐 클롭(Jürgen Klopp)은 데이터 기반 선수 관리의 철학을 이렇게 표현했다. "과거에는 선수가 '괜찮다'고 하면 경기에 내보냈다. 하지만 이제는 데이터가 '아니오'라고 말하면 벤치에 앉힌다. 그것이 선수를 지키는 길이다." 선수의 주관적 판단보다 객관적 데이터를 신뢰하는 방식이다.

물론 이 접근법은 갈등을 야기하기도 한다. 선수 본인은 컨디션이 좋다고 느끼는데 AI가 출전을 만류하면 불만이 생긴다. 중요한 경기를 앞두고 있다면 더욱 그렇다. 최종 결정은 여전히 감독의 몫이다. AI는 정보를 제공하고, 인간이 판단한다.

NFL의 디지털 애슬리트: 가상 복제본으로 충격을 시뮬레이션하다

미식축구는 충돌이 본질인 스포츠다. 보호 장비를 착용해도 선수들은 매 경기 수십 차례의 충격에 노출된다. 뇌진탕과 하체 부상이 빈번하다. NFL은 이 문제를 기술로 해결하려 한다.

NFL과 AWS(아마존 웹 서비스)가 협력하여 개발한 '디지털 애슬리트(Digital Athlete)'는 모든 선수의 가상 복제본을 만든다(NFL Football Operations, 2023). 선수의 신체 정보, 과거 부상 이력, 경기 중 받은 충격 데이터가 입력되어 디지털 트윈이 생성된다. 이 가상 모델 위에서 수조 건의 충격 시나리오가 시뮬레이션된다.

시뮬레이션의 목적은 다양하다. 첫째, 헬멧 충격 데이터를 분석하여 뇌진탕 위험을 예측한다. 특정 각도와 강도의 충격이 가해졌을 때 뇌에 미치는 영향을 계산한다. 둘째, 장비 개선의 효과를 사전에 검증한다. 새로운 헬멧 디자인이 충격 흡수율을 얼마나 높이는지 가상으로 테스트할 수 있다. 셋째, 규칙 변경의 영향을 예측한다.

특정 태클 방식을 금지했을 때 부상률이 얼마나 감소할지 시뮬레이션으로 추정한다.

실제 성과도 있다. NFL은 2023 시즌에 하체 부상을 25% 감소시켰다고 발표했다. 디지털 애슬리트 시스템의 기여가 얼마인지 정확히 분리하기는 어렵지만, 데이터 기반 접근이 효과를 내고 있다는 방증이다.

여성 선수를 위한 맞춤형 AI

스포츠 의학의 역사적 한계가 있다. 대부분의 연구가 남성 선수를 대상으로 수행되었다. 여성 선수의 신체적 특성, 특히 생리 주기가 경기력과 부상 위험에 미치는 영향은 상대적으로 연구가 부족했다.

콜렌소-셈플(Colenso-Semple) 등의 2023년 연구는 이 격차를 지적했다(Colenso-Semple et al., 2023). 여성 선수는 생리 주기에 따라 호르몬 수치가 변동하고, 이는 관절의 유연성에 영향을 미친다. 특정 시기에는 전방십자인대(ACL)가 더 느슨해져 부상 위험이 높아진다. 이 패턴을 무시하고 남성과 동일한 훈련 프로그램을 적용하면 불필요한 부상 위험에 노출된다.

AI는 이 문제에 대한 해법을 제시한다. WHOOP, Orreco 같은 플랫폼은 여성 선수의 생리 주기를 추적하고, 호르몬 변화에 따른 부상 위험을 분석한다. AI는 주기의 특정 단계에서 점프 훈련 강도를 낮추도록 제안한다. 개인화된 훈련 조절이다.

이 접근법은 여성 스포츠 전반으로 확산되고 있다. 여성 축구, 농구, 육상 등에서 생리 주기를 고려한 훈련 프로그램이 도입되고 있다. AI가 개인차를 인식하고 맞춤형 솔루션을 제공하는 사례다.

부상 예측 AI의 한계도 존재한다. AI는 확률을 계산할 뿐, 확실성을 보장하지 않는다. 부상 위험이 10%라고 해도 10명 중 1명은 다친다. 역으로 위험이 90%라고 해도 10명 중 1명은 무사하다. 데이터가 보내는 경고를 얼마나 신뢰하고, 어디까지 따를지는 여전히 인간의 판단 영역이다. AI는 도구이지 결정자가 아니다.

참고문헌

Colenso-Semple, L. M. et al.(2023). Current evidence and technological advances in monitoring the menstrual cycle and oral contraceptive use in athletes. *Frontiers in Sports and Active Living, 5.*

Gabbett, T. J.(2016). The training-injury prevention paradox: should athletes be training smarter and harder?. *British Journal of Sports Medicine, 50*(5), pp.273~280.

NFL Football Operations(2023). The Digital Athlete: Using AI to make the game safer. NFL Operations Tech. https://operations.nfl.com/updates/football-ops/nfl-and-amazon-web-services-expand-partnership-to-further-shape-the-future-of-football/

Walch, K.(2024.8.16). "How AI Is Revolutionizing Professional Sports". Forbes. https://www.forbes.com/sites/kathleenwalch/2024/08/16/how-ai-is-revolutionizing-professional-sports/

04
지능형 스카우팅과 선수 가치 평가

영화 〈머니볼〉의 오클랜드 애슬레틱스가 출루율이라는 단순한 통계로 야구를 바꿨다면, AI 시대의 머니볼 2.0은 비정형 데이터까지 집어삼킨다. AI는 전 세계 2부 리그 선수의 경기 영상은 물론, 인터뷰 말투에서 드러나는 성격까지 분석해 '저평가 우량주'를 찾아낸다. 이 장에서는 세비야 FC의 '스카우트 어드바이저'와 브렌트퍼드 FC의 성공 사례를 통해, 흙 속의 진주를 찾아내는 디지털 스카우터의 세계를 조망한다.

청각장애인과 AI?

머니볼의 한계와 2.0의 등장

2002년 오클랜드 애슬레틱스의 실험은 스포츠 역사에 전환점을 찍었다. 단장 빌리 빈은 출루율이라는 저평가된 지표에 주목했다. 다른 구단들이 타율과 홈런에 집착할 때, 그는 출루율이 높은 선수들을 싼 값에 영입했다. 결과는 성공적이었다. 최저 수준의 연봉 총액으로 플레이오프에 진출했다.

그러나 이 방식에는 한계가 있었다. 출루율, 타율, 방어율 같은 지표는 '정형 데이터'다. 숫자로 명확히 표현되고, 엑셀 시트에 깔끔하게 정리된다. 문제는 선수의 가치가 숫자만으로 환원되지 않는다는 점이다. 압박 상황에서의 멘탈, 팀 동료와의 케미스트리, 부상 회복 속도 같은 요소들은 숫자로 포착되지 않는다. 스카우터들은 이런 정보를 텍스트 보고서로 남겼지만, 수만 건의 보고서를 일일이 읽고 비교하는 것은 불가능에 가까웠다.

머니볼 2.0은 이 한계를 돌파한다. 핵심은 '비정형 데이터'의 정복이다. 텍스트로 작성된 스카우팅 보고서, 경기 영상에서 추출한 움직임 패턴, 심지어 선수 인터뷰의 말투까지 분석 대상이 된다. 자연어 처리(NLP)와 컴퓨터 비전이 이를 가능하게 했다. 숫자로 표현되지 않던 정보가 데이터로 변환되고, AI가 패턴을 찾아낸다.

브렌트퍼드 FC: 데이터가 만든 기적

영국 런던 서부의 소규모 클럽 브렌트퍼드 FC는 머니볼 2.0의 교과서적 사례다. 구단주 매튜 벤엄(Matthew Benham)은 프로 도박사 출신이다. 스포츠 베팅 회사를 운영하며 확률 모델의 위력을 체득한 인물이다. 그는 이 경험을 축구 구단 운영에 적용했다.

벤엄의 전략은 단순했다. 시장에서 저평가된 선수를 찾아 싸게 사고, 가치가 증명되면 비싸게 판다. 말은 쉽지만 실행은 어렵다. 어떤 선수가 저평가되어 있는지를 알아야 하기 때문이다. 벤엄은 데이터 분석팀을 구축하고, 독자적인 선수 평가 모델을 개발했다.

결과는 놀라웠다. 올리 왓킨스(Ollie Watkins)라는 선수를 180만 파운드에 영입했다. 2부 리그에서 활약하던 무명에 가까운 공격수였다. 브렌트퍼드에서 기량을 증명한 후, 아스턴 빌라에 2800만 파운드로 이적했다(Magowan, 2021). 투자 대비 15배 이상의 수익이다. 사이드 벤라마(Said Benrahma)도 마찬가지다. 150만 파운드에 데려와 2500만 파운드에 웨스트햄으로 보냈다. 16배가 넘는 수익률이다.

이 수익금은 팀 강화에 재투자되었다. 브렌트퍼드는 74년 만에 잉글랜드 1부 리그(EPL)로 승격했다. 단순히 운이 좋았던 것이 아니다. 데이터 모델이 시장의 비효율성을 체계적으로 포착한 결과다.

벤엄은 자신의 철학을 이렇게 표현했다. "우리는 선수의 재능을 사는 것이 아니라, 데이터가 증명하는 확률을 산다. 직관은 배신하지만, 데이터는 거짓말을 하지 않는다". 전통적인 스카우팅이 '눈썰미'에 의존했다면, 브렌트퍼드는 '확률'에 의존했다.

세비야 FC의 스카우트 어드바이저: 텍스트를 읽는 AI

스페인 세비야 FC는 2024년 IBM과 협력하여 'Scout Advisor'를 도입했다(IBM, 2024). 이 시스템의 핵심은 자연어 처리 기술이다. 세비야 FC의 데이터베이스에는 수년간 축적된 20만 건 이상의 스카우팅 보고서가 있다. 스카우터들이 직접 경기를 보고 작성한 텍스트다. "피지컬은 좋으나 멘탈이 약함", "수비 가담 의지가 뛰어남", "좁은 공간에서 창의적인 플레이를 한다" 같은 정성적 평가들이다.

과거에는 이 보고서들이 제대로 활용되지 못했다. 특정 조건의 선수를 찾으려면 담당자가 직접 보고서를 하나씩 읽어야 했다. 시간이 오래 걸리고, 누락될 가능성도 높았다. Scout Advisor는 이 문제를 해결했다.

시스템은 IBM의 AI 플랫폼 'watsonx'를 기반으로 구축되었다. 선수의 키, 몸무게, 속도, 골 수 같은 정량적 데이터와 텍스트 보고서를 통합했다. 사용자는 자연어로 질문을 던진다. "유럽 리그 경험이 있고, 폭발적인 드리블을 하며, 수비 가담도 좋은 20대 초반 윙어 찾아 줘." AI는 조건에 맞는 후보 리스트를 즉시 생성한다.

세비야 FC 단장 호세 마리아 크루스(José María Cruz)는 이 기술의 의의를 설명했다. "전통적인 스카우팅이 흑백 TV였다면, 생성형 AI를 활용한 스카우팅은 4K 컬러 TV와 같다. 우리는 텍스트 속에 숨겨진 뉘앙스까지 읽어낸다." 숫자만으로는 포착되지 않던 정보가 분석 대상이 된 것이다.

Scout Advisor의 또 다른 장점은 검색의 유연성이다. 기존 데이터베이스는 사전에 정의된 필터로만 검색이 가능했다. "키 185cm 이상"은 검색할 수 있지만, "압박 상황에서 침착한"은 검색할 수 없었다. AI는 이 제약을 없앴다. 텍스트에 담긴 모든 정보가 검색 가능한 데이터로 변환된다.

방송 영상만으로 선수를 분석하다: SkillCorner

스카우팅의 물리적 한계도 있다. 유망주가 전 세계에 흩어져 있다. 아프리카, 남미, 동유럽의 2부 리그까지 직접 방문하려면 막대한 시간과 비용이 든다. 대형 클럽은 수십 명의 스카우터를 고용하지만, 중소 클럽은 그럴 여력이 없다.

SkillCorner 같은 기술은 이 격차를 줄인다(SkillCorner, 2023). 원리는 컴퓨터 비전이다. 방송 중계 화면만 있으면 선수의 움직임을 추출할 수 있다. 별도의 트래킹 장비가 필요 없다. TV 방송 영상을 AI가 분석하여 선수별 뛴 거리, 순간 속도, 가속 횟수를 계산한다.

특히 주목할 점은 '공이 없을 때(Off-the-ball)'의 움직임 분석이다. 축구에서 한 선수가 공을 소유하는 시간은 경기당 평균 2분 남짓이다. 나머지 88분 동안 선수가 어떻게 움직이는지가 경기력을 결정한다. 수비수가 상대 공격수를 얼마나 효과적으로 마킹하는지, 미드필더가 패스 코스를 만들기 위해 어떻게 이동하는지가 여기에 해당한다.

과거에는 이런 정보를 얻으려면 경기장에 직접 가거나, 고가의 트래킹 데이터를 구매해야 했다. SkillCorner는 방송 영상에서 이를 추출한다. 중소 클럽도 전 세계

리그의 선수들을 원격으로 모니터링할 수 있게 되었다. 스카우팅의 민주화다.

말버릇이 드러내는 성공 가능성: NBA 드래프트 분석

선수의 말버릇에서 성공 가능성을 예측할 수 있을까. 니슈초타(Niszczota)의 2023년 연구는 이 질문에 답을 시도했다(Niszczota, 2023). 연구진은 2000년부터 2023년까지 NBA 드래프트 대상 선수들의 인터뷰를 분석했다. 자연어 처리 기술로 각 선수가 사용한 단어의 패턴을 추출했다.

흥미로운 상관관계가 발견되었다. '깨닫다(realize)', '믿다(believe)' 같은 인지적 단어를 많이 사용하는 선수가 있었다. 자기 자신과 상황을 객관적으로 인식하려는 경향을 반영하는 단어들이다. 반면 '나(I)', '내 것(Mine)' 같은 자기중심적 단어를 자주 쓰는 선수도 있었다.

분석 결과, 인지적 단어를 많이 사용한 선수들의 윈셰어(Win Share, 승리 기여도)가 더 높게 나타났다. 윈셰어는 한 선수가 팀 승리에 얼마나 기여했는지를 수치화한 지표다. 인지적 단어 사용 빈도가 높은 그룹이 자기중심적 단어 사용 빈도가 높은 그룹보다 통계적으로 유의

미하게 높은 윈셰어를 기록했다.

이 연구의 함의는 명확하다. 드래프트 인터뷰는 형식적인 절차가 아니다. 선수가 사용하는 언어 패턴에서 멘탈리티를 읽어낼 수 있다. 팀 중심의 사고를 하는 선수인지, 자기중심적 사고를 하는 선수인지가 말버릇에 드러난다. AI는 이 패턴을 정량화한다.

물론 한계도 있다. 상관관계가 인과관계를 의미하지는 않는다. 특정 단어를 많이 쓴다고 해서 반드시 성공하는 것은 아니다. 그러나 그동안 전혀 활용되지 않던 데이터에서 의미 있는 신호를 추출했다는 점에서 연구의 가치가 있다. 스카우팅의 분석 대상이 경기장 안에서 경기장 밖으로, 신체 능력에서 심리적 특성으로 확장되고 있다.

데이터 스카우팅의 명암

머니볼 2.0은 스카우팅의 효율성을 높였다. 중소 클럽도 대형 클럽과 정보 격차를 줄일 수 있게 되었다. 저평가된 선수를 발굴하는 능력이 자금력 못지않게 중요해졌다. 브렌트퍼드의 사례가 이를 증명한다.

그러나 역설도 존재한다. 모든 클럽이 같은 데이터를 분석하면 어떻게 될까. 저평가된 선수가 발굴되는 순간,

그 선수의 시장 가치는 상승한다. 비효율성이 사라지면 수익 기회도 사라진다. 머니볼의 원조 오클랜드 애슬레틱스가 더 이상 과거의 성공을 재현하지 못하는 이유 중 하나다. 출루율의 가치를 모든 구단이 인식하면서, 출루율이 높은 선수의 몸값도 올랐다.

AI 스카우팅도 같은 경로를 밟을 가능성이 있다. 기술이 보편화되면 경쟁 우위가 사라진다. 결국 승부는 데이터의 양과 질, 분석 알고리즘의 정교함, 그리고 데이터를 해석하는 인간의 판단력에서 갈릴 것이다. 도구는 평준화되어도, 도구를 사용하는 능력은 평준화되지 않는다.

참고문헌

IBM(2024.1.23). Sevilla FC Transforms the Player Recruitment Process with the Power of IBM watsonx Generative AI. https://newsroom.ibm.com/2024-01-23-Sevilla-FC-Transforms-the-Player-Recruitment-Process-with-the-Power-of-IBM-watsonx-Generative-AI

Niszczota, P.(2023). Linguistic markers of psychological traits in NBA draft interviews and player performance. *Journal of Sports Economics, 24*(6), pp.755~780.

SkillCorner(2023.4.13). "Introducing Game Intelligence". SkillCorner Insights. https://skillcorner.com/articles/introducing-game-intelligence

Sky Sports(2021.1.20). “How Brentford's transfer strategy has been altered by Brexit”. 《Sky Sports》. https://www.skysports.com/football/news/11748/12187923/how-brentfords-transfer-strategy-has-been-altered-by-brexit

05
AI 심판과 공정성

오심도 경기의 일부라는 말은 옛말이 됐다. 0.01mm의 오차도 허용하지 않는 AI 심판이 그라운드를 지배하기 시작했다. 2024년, 한국 프로야구(KBO)는 세계 최초로 로봇 심판(ABS)을 1군 무대에 도입하며 판정 혁명을 이끌었다. 이 장에서는 FIFA의 반자동 오프사이드 판독(SAOT)부터 체조의 AI 채점 시스템까지, 기술이 가져온 '절대 공정'의 현황과 그 이면에 가려진 인간 심판의 역할론을 심층 분석한다.

AI 콘텐츠 크리에이터?

KBO 자동 투구 판정 시스템: 세계 최초의 실험

2024년, 한국 프로야구(KBO)는 세계 최초로 1군 정규리그에 자동 투구 판정 시스템(ABS, Automated Ball-Strike System)을 도입했다(KBO, 2024). 메이저리그(MLB)가 마이너리그에서 실험 중이던 기술을 KBO가 먼저 최상위 무대에 적용한 것이다.

시스템의 작동 원리는 다음과 같다. 경기장에 설치된 3대의 고속 카메라가 투수의 손을 떠난 공의 궤적을 실시간으로 추적한다. 공이 홈 플레이트를 통과하는 순간의 위치가 스트라이크 존 안에 있는지를 판정한다. 핵심은 '통과 순간'이다. 포수가 공을 잡은 위치가 아니라, 공이 홈 플레이트 상공을 지나는 정확한 좌표가 기준이 된다.

스트라이크 존의 설정도 자동화됐다. 타자가 타석에 들어서면 시스템이 해당 타자의 신장 데이터를 불러온다. 무릎 위부터 가슴 아래까지의 범위가 타자별로 개인화된 스트라이크 존으로 설정된다. 키가 큰 타자와 작은 타자의 존이 다르게 적용되는 것이다.

2024 시즌 시범 운영 결과, 투구 추적 성공률은 99.9%를 기록했다. 1000개의 투구 중 999개를 정확히 추적했다는 의미다. 나머지 0.1%는 공이 타자의 몸에 맞거나 극단적인 변화구로 인해 추적이 어려운 경우였다.

ABS 도입이 가져온 변화는 구조적이다. 가장 큰 변화는 '존의 일관성'이다. 과거에는 심판마다 스트라이크 존이 달랐다. 어떤 심판은 바깥쪽 코너를 넓게 잡았고, 어떤 심판은 좁게 잡았다. 투수와 타자는 경기 전에 그날 심판의 성향을 파악해야 했다. ABS는 이 변수를 제거했다. 모든 경기에서 동일한 기준이 적용된다.

선수들의 반응은 긍정적이다. KBO 기술 위원회 보고서에 따르면, 투수와 타자 모두 "일관된 기준이 적용되어 불필요한 항의나 감정 소모가 줄었다"고 평가했다. 과거에는 미묘한 판정에 대한 항의가 잦았고, 이로 인해 경기 흐름이 끊기는 일이 많았다. ABS는 논쟁의 여지를 줄였다.

포수의 역할도 재정의됐다. '프레이밍(Framing)'이라는 기술이 있다. 공을 받을 때 미트를 미세하게 움직여 볼을 스트라이크처럼 보이게 하는 기술이다. 뛰어난 프레이밍 능력을 가진 포수는 팀에 큰 자산이었다. 그러나 ABS는 공이 홈 플레이트를 통과하는 순간을 기준으로 판정하므로, 포수가 공을 잡은 후의 움직임은 판정에 영향을 미치지 않는다. 프레이밍의 가치가 사라진 것이다.

이로 인해 포수 평가 기준이 바뀌고 있다. '심판을 속이는 능력'이 아닌 '블로킹과 송구'라는 본연의 수비 능력이 중요해졌다. 포수의 역할이 재편되는 것이다.

VAR에서 SAOT로: 축구 판정의 진화

축구에서 비디오 판독 시스템(VAR)의 도입은 판정 정확도를 획기적으로 높였다. 콜빙어와 라메스(Kolbinger & Lames)의 2017년 연구에 따르면, VAR 도입 후 심판 판정의 정확도는 92.1%에서 98.3%로 향상됐다(Kolbinger & Lames, 2017). 약 6%포인트의 상승이다. 100번의 판정 중 6번의 오심이 사라졌다는 의미다.

그러나 VAR에는 치명적인 단점이 있었다. 시간이다. 오프사이드 판정을 위해 영상 판독실에서 라인을 긋고 확인하는 데 평균 70초가 소요됐다. 1분이 넘는 시간 동안 선수들은 멈춰 서고, 관중은 대형 화면을 응시했다. 경기의 흐름이 끊겼다. 골이 터진 후의 환호가 불확실성 속에서 사그라들었다.

FIFA의 반자동 오프사이드 판독 기술(SAOT)은 이 문제를 해결했다(FIFA, 2022). 2022 카타르 월드컵에 도입된 이 시스템은 판정 시간을 70초에서 25초 내외로 단축시켰다. 기술적 원리는 1장에서 설명한 바와 같다. 경기장 지붕에 설치된 12대의 추적 카메라가 선수당 29개의 관절 포인트를 초당 50회 추적한다. 공 내부의 관성측정

센서(IMU)가 킥 포인트를 감지하는 순간, AI가 오프사이드 라인을 자동 생성한다.

FIFA 심판 위원장 피에를루이지 콜리나(Pierluigi Collina)는 이 기술의 의미를 다음과 같이 설명했다. "심판은 로봇이 아니다. 하지만 로봇이 될 수 없다면, 로봇의 도움을 받아야 한다. 기술은 심판의 권위를 훼손하는 것이 아니라 보호하는 방패다." 기술이 심판을 대체하는 것이 아니라 보완한다는 입장이다.

SAOT의 또 다른 장점은 시각화다. 시스템은 오프사이드 상황을 3D 애니메이션으로 재구성하여 중계 화면에 보여 준다. 팬들은 왜 오프사이드가 선언됐는지를 직접 확인할 수 있다. 판정의 근거가 투명해진 것이다.

체조의 AI 심판: 0.001점의 세계

체조는 심판의 주관이 개입하기 쉬운 종목이다. 선수의 동작을 보고 난이도와 완성도를 평가해야 하는데, 고속 회전 기술의 경우 인간의 눈으로는 정확한 판단이 어렵다. 도마에서 공중 3회전을 하는 동작은 1초 남짓이다. 이 짧은 시간 동안 회전수, 신체의 정렬, 다리의 벌어짐을 동시에 평가해야 한다.

후지쯔(Fujitsu)가 개발한 JSS(Judging Support System)는 이 한계를 기술로 극복했다(Fujitsu, 2019). 시스템의 핵심은 3D 레이저 센서(LiDAR)다. 경기장에 설치된 센서가 선수의 관절 움직임을 초당 200만 회 이상 스캔한다. 1초에 200만 개의 데이터 포인트가 수집되는 것이다.

이 데이터는 선수의 3차원 골격 모델로 변환된다. 공중에서 팔이 몇 도 벌어져 있었는지, 무릎이 몇 도 굽혀져 있었는지가 수치로 기록된다. 심판의 눈으로는 "다리가 약간 벌어졌다"고 판단하던 것이 "다리 벌림 각도 7.3도"로 정량화된다. 감점 기준이 명확해지고, 판정의 일관성이 높아진다.

국제체조연맹(FIG)은 2019년부터 JSS를 공식 대회에 도입했다. 1장에서 언급한 바와 같이, 2023년 앤트워프 세계선수권대회에서 JSS의 판정과 인간 심판 판정의 일치율은 94% 이상을 기록했다. 6%의 불일치는 시스템의 한계인가, 인간 심판의 오류인가. 이 질문에 대한 답은 아직 확정되지 않았다.

블랙박스 문제: 기술 권위주의의 그림자

AI 심판 기술은 정확도와 일관성을 높였다. 그러나 새로운 윤리적 문제도 제기된다. '블랙박스(Black Box)' 문제다. SAOT 시스템을 예로 들어보자. 시스템이 "오프사이드"라고 판정하면 팬들은 이를 최종적인 것으로 받아들인다. 그러나 그 판정이 어떻게 도출됐는지는 투명하게 공개되지 않는다. 알고리즘의 내부 로직, 학습 데이터의 구성, 경계선 상황에서의 처리 방식이 대중에게 알려지지 않는다.

기술적 한계도 존재한다. SAOT는 초당 50프레임(50fps) 카메라를 사용한다. 이는 0.02초마다 한 장의 이미지를 촬영한다는 뜻이다. 프레임과 프레임 사이에는 시간적 간격이 있다. 연구에 따르면, 이 간격에서 약 3~4센티미터의 측정 불확실성이 발생할 수 있다. 그러나 AI는 이를 '단호한 선'으로 시각화하여 보여 준다. 불확실성이 확실성으로 포장되는 것이다.

이 문제는 '기술 권위주의'라는 개념으로 설명된다. 기술이 생산하는 결과물을 의심 없이 수용하는 태도다. AI가 "오프사이드"라고 말하면 그것이 진실이 된다. 반론의 여지가 사라진다. 인간 심판의 판정에는 항의할 수 있었지만, AI의 판정에는 항의할 근거 자체가 없어진다. 알고리즘의 작동 방식을 모르기 때문이다.

공정성에 대한 근본적 질문도 제기된다. AI 심판이 모든 팀에 동일하게 작동한다면 공정한 것인가. 그러나 특정 팀의 전술이나 선수 특성이 AI 판정에 유리하거나 불리하게 작용할 가능성은 없는가. 이런 편향이 존재한다면, 그것을 어떻게 감지하고 교정할 것인가. 알고리즘이 블랙박스로 남아 있는 한, 이 질문에 답하기 어렵다.

인간 심판의 역할도 재정의돼야 한다. AI가 판정의 정확도를 높인다면, 인간 심판은 무엇을 해야 하는가. 단순히 AI의 결정을 전달하는 역할인가, 아니면 AI가 포착하지 못하는 영역을 담당하는 역할인가. 콜리나 위원장의 말처럼 기술이 심판을 '보호'한다면, 보호받는 심판의 본질적 역할은 무엇인지에 대한 논의가 필요하다.

기술의 발전은 멈추지 않을 것이다. 카메라 해상도는 높아지고, 프레임 수는 증가하며, 알고리즘은 정교해질 것이다. 측정 불확실성은 줄어들겠지만, 완전히 사라지지는 않는다. 0에 수렴할 뿐이다. 그 잔여 불확실성을 어떻게 다룰 것인지, 알고리즘의 투명성을 어디까지 요구할 것인지는 기술의 문제가 아니라 사회적 합의의 문제다.

참고문헌

KBO(2024.3.7). 2024 신한 SOL Bank KBO 리그 달라지는 사항. KBO 보도자료.

https://www.koreabaseball.com/MediaNews/Notice/View.aspx?bdSe=9984

FIFA(2022.7.1). Semi-automated offside technology to be used at FIFA World Cup 2022. FIFA Media. https://www.fifa.com/technical/media-releases/semi-automated-offside-technology-to-be-used-at-fifa-world-cup-2022-tm

Fujitsu(2019.10.4). "Fujitsu to Commence Practical Use of Judging Support System at the 49th Artistic Gymnastics World Championships". Fujitsu Press Release.

Kolbinger, O. & Lames, M.(2017). Scientific approaches to the analysis of refereeing in team sports: A systematic review. *International Journal of Performance Analysis in Sport, 17(6)*, pp.868~883. https://www.researchgate.net/publication/314719446_Scientific_approaches_to_technological_officiating_aids_in_game_sports

06
방송의 민주화와 팬 경험의 진화

수천만 원의 중계차와 수십 명의 스태프가 필요했던 스포츠 방송은 옛말이 됐다. 이제 AI 카메라 한 대만 있으면 동네 축구 리그도 전 세계에 생중계된다. 생성형 AI는 경기 종료 1분 만에 하이라이트를 만들어 틱톡에 올리고, 시청자가 응원하는 선수 위주로 해설을 바꿔준다. 이 장에서는 픽셀롯(Pixellot)의 무인 중계 혁명과 IBM 윔블던의 생성형 AI 해설 사례를 통해, 스포츠 미디어가 어떻게 '단방향 송출'에서 '초개인화된 경험'으로 진화했는지 분석한다.

AI와 민주주의?

롱테일의 부활: AI 무인 중계 기술

전통적인 스포츠 중계에는 막대한 비용이 든다. 중계차, 카메라 여러 대, 카메라 감독, PD, 음향 엔지니어, 그래픽 담당자가 필요하다. 한 경기를 중계하는 데 수천만 원에서 수억 원이 소요된다. 이 비용 구조는 중계할 수 있는 경기의 범위를 제한했다. 프로 리그, 국가대표 경기, 주요 국제 대회만이 방송의 대상이었다. 유소년 리그, 지역 아마추어 대회, 비인기 종목은 수익성이 없어 중계되지 못했다.

AI 무인 중계 기술은 이 구조를 근본적으로 바꿨다. 핵심은 '자동화된 제작(Automated Production)'이다. 딥러닝 알고리즘을 탑재한 카메라가 경기장에 설치된다. 이 카메라는 공과 선수의 움직임을 실시간으로 추적한다. 공이 이동하는 방향으로 화면을 전환하고, 골 찬스가 발생하면 자동으로 줌인한다. 수비에서 공격으로 전환되면 파노라마 뷰로 전체 상황을 보여 준다. 카메라맨이나 PD가 없어도 방송 수준의 영상이 만들어진다.

비용 절감 효과는 극적이다. 기존 방송 제작비의 90% 이상이 절감된다(Pixellot, 2023). 수천만 원이 들던 중계가 수십만 원으로 가능해진다. 이 변화는 경제학에서 말하는 '롱테일(Long-tail)' 시장을 열었다. 소수의 인기 콘텐츠가 아닌 다수의 비인기 콘텐츠가 수익을 창출하는 구조다.

이스라엘 기업 픽셀롯(Pixellot)은 이 분야의 선두 주자다. 전 세계 3만 개 이상의 경기장에 AI 카메라를 설치했다. 대학 스포츠, 고등학교 리그, 유소년 축구까지 중계 범위가 확장됐다. Pixellot CEO 알론 베르버(Alon Werber)는 이 변화의 의미를 다음과 같이 설명했다. "AI는 방송의 민주화를 이끌었다. 이제 부모님들은 손떨리는 스마트폰 영상 대신, TV 중계 수준의 고화질로 자녀의 유소년 리그 경기를 안방에서 볼 수 있다."

서울 홈리스 월드컵: 소외된 스포츠에 카메라를 비추다

2024년 서울에서 열린 홈리스 월드컵은 AI 중계 기술의 사회적 가치를 보여 준 사례다. 홈리스 월드컵은 전 세계 노숙인들이 참가하는 축구 대회다. 스포츠를 통해 사회적 소외 계층의 자립을 돕는 것이 목적이다. 그러나 상업적 가치가 낮아 전통적인 방송사의 관심을 받지 못했다.

KT 스카이라이프는 이 대회에 AI 중계 솔루션을 도입했다. 별도의 중계차 없이 390경기 전 경기를 생중계했다. 경기장에 설치된 AI 카메라가 모든 경기를 자동으로 촬영하고 송출했다. 전통적인 방식이었다면 불가능했을 규모다. 390경기를 모두 중계하려면 수십억 원의 비용이 들었을 것이다.

이 사례는 AI 중계 기술이 단순한 비용 절감을 넘어서는 의미를 지닌다는 것을 보여 준다. 방송의 불모지였던 소외 계층 스포츠, 비인기 종목도 고품질 미디어 콘텐츠가 될 수 있다. 기술이 사회적 가시성의 장벽을 낮추는 것이다.

생성형 AI와 초개인화된 시청 경험

방송의 민주화가 '누가 중계되는가'의 문제라면, 초개인화는 '어떻게 소비되는가'의 문제다. 전통적인 스포츠 방송은 단방향이었다. 방송사가 편집한 콘텐츠를 모든 시청자가 동일하게 시청했다. AI는 이 구조를 쌍방향으로, 개인화된 경험으로 전환한다.

WSC Sports는 이 분야의 대표 기업이다(WSC Sports, 2023). 이 회사의 기술은 경기 영상을 실시간으로 분석한다. 관중의 함성 크기, 아나운서의 톤 변화를 감지하여 '흥분도(Excitement Level)'를 측정한다. 골이 터지는 순간, 결정적인 세이브가 나오는 순간이 자동으로 식별된다.

이 데이터를 바탕으로 경기 종료 직후 하이라이트 영상이 자동 생성된다. 단순히 하나의 하이라이트가 아니다. 유튜브 숏츠 규격, 인스타그램 릴스 규격, 틱톡 규격으로 각각 다른 버전이 만들어진다. 세로 영상과 가로 영상, 30초짜리와 60초짜리가 동시에 생성되어 각 플랫폼에 자동 배포된다.

WSC Sports CEO 다니엘 시치만(Daniel Shichman)은 미래의 스포츠 소비 방식을 이렇게 예측했다. "미래의 스포츠 방송은 넷플릭스가 아니라 스포티파이(Spotify) 처럼 될 것이다. 누군가는 풀 경기를 보겠지만, 대부분의 Z세대는 AI가 큐레이션 해준 '나만의 하이라이트'를 소비할 것이다." 음악 스트리밍이 앨범 단위 소비에서 곡 단위, 플레이리스트 단위 소비로 바뀌었듯이, 스포츠 콘텐츠도 같은 경로를 밟고 있다는 진단이다.

IBM 윔블던: AI가 만드는 맞춤형 해설

2024년 윔블던 테니스 대회에서 IBM은 생성형 AI 플랫폼 'watsonx'를 활용한 새로운 팬 서비스를 선보였다(IBM, 2024). 'Catch Me Up'이라는 기능이다.

작동 방식은 이렇다. 팬이 윔블던 앱을 켠다. 자신이 응원하는 선수를 설정해 놓았다면, AI가 해당 선수의 최근 경기 활약상을 요약해준다. "어제 3라운드에서 풀세트 접전 끝에 승리했습니다. 서브 에이스가 12개였고, 브레이크 포인트 세이브율이 85%였습니다. 다음 상대는 세계 랭킹 7위인 누구누구이며, 상대 전적은 2승 1패입니다." 이런 식의 텍스트와 음성 브리핑이 제공된다.

경기를 놓친 팬을 위한 서비스이자, 경기 시청 전 몰입도를 높이기 위한 장치다. 과거에는 이런 정보를 얻으려면 스포츠 뉴스를 검색하거나 통계 사이트를 뒤져야 했다. AI가 이 과정을 대신한다.

더 흥미로운 기능은 AI 해설이다. 윔블던에는 수십 개의 코트가 있다. 메인 코트인 센터 코트와 1번 코트에는 해설자가 배치되지만, 나머지 코트에는 해설이 없다. 팬들은 영상만 볼 수 있었다. IBM의 AI는 이 빈틈을 메운다. 실시간 경기 데이터를 바탕으로 자연어 해설을 생성하여 송출한다. 인간 해설자가 없는 코트에서도 맥락 있는 해설을 들을 수 있게 된 것이다.

가상 광고: 같은 경기, 다른 광고판

AI가 바꾸는 것은 콘텐츠만이 아니다. 광고 비즈니스 모델도 변화하고 있다. '가상 광고(Virtual Advertising)' 기술이 대표적이다.

TGI Sport의 'AIR' 시스템은 경기장 펜스의 광고판을 AI로 인식한다(TGI Sport, 2023). 그리고 송출되는 국가별로 다른 광고를 덮어씌운다. 영국 웸블리 스타디움에서 열린 경기라도, 한국 시청자의 화면에는 '현대차' 광고가 보인다. 같은 시간, 같은 경기를 시청하는 중국 시청자에게는 '알리바바' 광고가 노출된다. 경기장에 실제로 설치된 광고와 무관하게, 시청 지역에 맞는 광고가 합성되는 것이다.

이 기술의 비즈니스 모델 혁신은 명확하다. 과거에는 경기장의 광고판 하나에 하나의 광고만 게재할 수 있었다. 가상 광고는 같은 시간대의 동일한 광고 슬롯을 전 세계 여러 광고주에게 중복 판매할 수 있게 한다. 구단과 리그의 광고 수익이 극대화된다.

기술적으로 이 시스템은 컴퓨터 비전과 실시간 영상 합성의 조합이다. AI가 방송 영상에서 광고판의 위치와 형태를 실시간으로 인식한다. 카메라 각도가 바뀌어도, 광고판이 일부만 보여도 정확히 인식해야 한다. 인식된 영역에 다른 광고 이미지를 자연스럽게 합성한다. 원근감, 조명, 색감이 경기장 환경과 어울려야 한다. 이 모든 처리가 실시간으로, 방송 지연 없이 이루어져야 한다.

스포츠 미디어 산업은 구조적 전환기에 있다. AI 무인 중계는 콘텐츠의 공급을 폭발적으로 늘렸다. 초개인화 기술은 콘텐츠 소비 방식을 바꾸고 있다. 가상 광고는 수익 모델을 다변화한다. 이 세 가지 변화가 동시에 진행되면서, 스포츠 미디어는 '방송사가 만들고 시청자가 보는' 단방향 구조에서 '시청자 개인에게 최적화된 경험을 제공하는' 플랫폼으로 진화하고 있다.

참고문헌

IBM(2024.6.19). IBM and Wimbledon use generative AI to bring fans closer to the Championships with new 'Catch Me Up' feature. IBM Newsroom.

Pixellot(2023). Democratizing Sports Production: The AI Revolution in Sports Broadcasting. Pixellot Whitepaper.

TGI Sport(2023). Parallel Ads: Virtual Replacement Technology for Global Sports. TGI Sport Solutions.

WSC Sports(2023). The State of Sport 2023: Global Fan Trends and the Impact of AI. WSC Sports Official Report.

07
스포츠 교육과 생활 체육의 확장

태릉선수촌의 국가대표만 누리던 첨단 과학 훈련이 이제 우리 집 거실과 학교 운동장으로 들어왔다. 스마트폰 하나면 아프리카 시골 마을의 소년도 올림픽 스카우터의 눈에 띄고, 스크린 골프장은 AI 코치가 샷을 교정해 주는 개인 레슨장이 된다. 이 장에서는 IOC의 세네갈 프로젝트와 골프존의 AI 코칭 사례를 통해, 기술이 어떻게 스포츠를 '엘리트의 전유물'에서 '모두의 일상'으로 민주화하고 있는지 분석한다.

AI와 애니메이션?

스카우팅의 지리적 장벽을 허물다

스포츠 인재 발굴은 오랫동안 불평등한 시스템이었다. 스카우터가 방문하는 지역의 아이들만 기회를 얻었다. 유럽이나 북미의 유소년 리그에서 뛰는 아이들은 수시로 스카우터의 눈에 띈다. 반면 아프리카 시골 마을이나 동남아시아 오지의 아이들은 아무리 재능이 있어도 발견되지 못했다. 스카우터가 비행기 티켓을 사서 그곳까지 갈 이유가 없었기 때문이다. 재능의 문제가 아니라 지리의 문제였다.

컴퓨터 비전 기술은 이 구조를 바꾸고 있다. 핵심은 스마트폰 카메라만으로 신체 능력을 측정할 수 있게 된 것이다. 점프력, 스피드, 민첩성, 협응력 같은 기초 운동 능력이 영상 분석을 통해 수치화된다. 한 번의 촬영으로 1000개 이상의 바이오메카닉 데이터 포인트가 생성된다. 고가의 장비나 전문 시설이 필요 없다. 스마트폰과 인터넷 연결만 있으면 된다.

인텔 CCO 크리스토프 셸(Christoph Schell)은 이 변화의 의미를 다음과 같이 설명했다. “AI는 스포츠를 평평하게 만든다. 이제 재능 있는 아이가 단지 스카우터가 오지 않는 시골에 산다는 이유로 꿈을 포기할 필요가 없다”(Intel, 2024). ‘평평하게 만든다’는 표현이 핵심이다.

지리적, 경제적 불균형으로 인한 기회의 격차를 기술이 줄인다는 뜻이다.

IOC와 인텔의 세네갈 프로젝트

2024년, 국제올림픽위원회(IOC)와 인텔은 세네갈에서 주목할 만한 실험을 진행했다(IOC, 2024). 2026년 다카르 유스 올림픽을 앞두고, 현지의 잠재적 인재를 발굴하기 위한 프로젝트였다.

방식은 단순했다. 세네갈의 5개 마을을 방문하여 아이들의 운동 영상을 촬영했다. 별도의 장비는 없었다. 스마트폰 앱만 사용했다. 아이들이 달리고, 뛰고, 팔굽혀펴기하는 모습을 촬영했다. AI가 이 영상을 분석했다.

결과는 놀라웠다. 몇 분 만에 1000명 이상의 아이들이 분석됐다. 그중 48명이 '잠재적 재능'을 가진 유망주로 식별됐다. 이들은 세네갈 국가대표 훈련 프로그램에 합류했다. 토마스 바흐 IOC 위원장은 이를 "스포츠 인재 발굴의 혁명"이라고 평가했다.

전통적인 방식으로 같은 결과를 얻으려면 어떻게 해야 했을까. 스카우터 여러 명이 세네갈로 날아가야 한다. 5개 마을을 순회하며 아이들을 직접 관찰해야 한다. 주관적 판단에 의존하여 유망주를 선별해야 한다. 시간과 비용이 막대하게 든다. 그럼에도 1000명을 모두 세밀하게 평가하는 것은 불가능하다. AI는 이 과정을 몇 분으로 압축했고, 인간의 눈이 놓칠 수 있는 잠재력까지 포착했다.

이 프로젝트의 의의는 단순히 효율성에 있지 않다. 스포츠 기회의 평등이라는 가치가 실현됐다는 점이 중요하다. 아프리카 시골 마을의 아이도 올림픽 무대에 설 수 있는 경로가 열렸다. 태어난 곳이 아니라 재능이 기회를 결정하는 시스템이 만들어지고 있다.

생활 체육의 AI 코칭: 골프존 사례

엘리트 스포츠만 변화하는 것이 아니다. 일반인이 즐기는 생활 체육도 AI의 영향권에 들어왔다. 한국의 골프존이 대표적 사례다.

골프존은 2025년 스크린 골프 업계 최초로 '나만의 AI 코치' 서비스를 상용화했다(골프존, 2025). 기술의 핵심은 딥러닝 기반의 스윙 분석이다. 사용자가 스윙하면 카메라가 이를 촬영한다. AI가 영상을 분석하여 프로 선수의 이상적인 폼과 겹쳐 보여 준다. 2장에서 설명한 NBA의 '고스팅(Ghosting)' 기술과 같은 원리다. 자신의 스윙과 이상적 스윙 사이의 차이가 시각적으로 드러난다.

피드백은 구체적이다. “백스윙 때 머리가 5도 들렸다”, “다운스윙에서 손목 로테이션이 부족하다” 같은 정밀한 지적이 제공된다. 샷 데이터를 기반으로 “오늘의 문제점은 슬라이스입니다. 손목 로테이션 연습을 하세요”라는 맞춤형 레슨이 이어진다.

과거에 이런 수준의 피드백을 받으려면 비용이 상당했다. 프로 레슨의 시간당 비용은 수만 원에서 수십만 원에 달한다. 주기적으로 레슨을 받으려면 상당한 경제적 부담이 따른다. AI 코칭은 이 장벽을 낮춘다. 스크린 골프 이용료만으로 국가대표급 분석 서비스를 이용할 수 있다.

한국의 골프 인구는 약 430만 명이다. 이들 대부분은 전문 코칭을 받을 기회가 제한되어 있었다. AI 코칭 서비스는 이 430만 명에게 시간과 장소에 구애받지 않는 개인 레슨을 제공한다. 스포츠 교육의 접근성이 획기적으로 높아진 것이다.

소외 계층과 스포츠 복지

기술의 민주화 효과는 소외 계층에서 더욱 두드러진다. 2024년 서울 홈리스 월드컵 사례가 이를 보여 준다.

홈리스 월드컵은 주거 취약 계층의 자립을 돕는 축구

대회다. 사회적 의미는 크지만 상업성은 낮다. 전통적인 방송사의 관심을 받기 어려웠다. 중계가 되지 않으면 선수들의 경기는 기록으로만 남고, 대중에게 알려지지 않는다.

KT 스카이라이프는 AI 무인 중계 시스템을 도입해 이 문제를 해결했다(KT Skylife, 2024). 390경기 전 경기가 생중계됐다. 카메라맨 없이 AI가 공을 추적하며 영상을 만들었다. 유튜브와 TV를 통해 송출됐다.

KT 스카이라이프 관계자는 이 프로젝트의 의미를 다음과 같이 설명했다. "우리는 기술을 통해 '스포츠 복지'를 실현한다. 누구나 국가대표처럼 관리받고, 자신의 경기를 다시 볼 수 있는 권리가 있다." '스포츠 복지'라는 표현이 핵심이다. 스포츠 참여와 미디어 노출이 일부 엘리트의 특권이 아니라 모든 사람의 권리라는 관점이다.

홈리스 월드컵 선수들에게 중계는 단순한 영상 기록 이상의 의미를 가졌다. 자신의 경기가 방송된다는 사실은 "나도 주인공"이라는 자존감을 심어주었다. 기술이 사회적 가시성의 장벽을 낮추고, 소외 계층에게 존엄을 부여한 사례다.

스포츠 민주화의 방향

이 장에서 살펴본 사례들은 공통된 방향을 가리킨다. 기술이 스포츠의 장벽을 낮추고 있다. IOC의 세네갈 프로젝트는 지리적 장벽을, 골프존의 AI 코칭은 경제적 장벽을, 홈리스 월드컵 중계는 사회적 장벽을 허물었다.

과거에는 첨단 스포츠 과학이 엘리트 선수의 전유물이었다. 태릉선수촌의 국가대표들만이 바이오메카닉 분석을 받고, 개인 맞춤형 훈련 프로그램을 제공받았다. 일반인은 접근할 수 없는 영역이었다. AI 기술은 이 격차를 줄이고 있다. 스마트폰 앱으로 신체 능력을 측정하고, 스크린 골프장에서 프로 수준의 스윙 분석을 받는다. 국가대표와 일반인 사이의 기술적 지원 격차가 줄어든다.

물론 한계도 있다. 기술 접근성의 격차는 여전히 존재한다. 스마트폰이 없거나 인터넷 연결이 불안정한 지역에서는 AI 스카우팅의 혜택을 받기 어렵다. AI 코칭 서비스를 이용하려면 기본적인 시설 이용료가 필요하다. 기술이 모든 장벽을 완전히 제거하지는 못한다.

그러나 방향은 분명하다. 기술 비용은 지속적으로 낮아지고 있다. 스마트폰 보급률은 전 세계적으로 높아지고 있다. AI 모델의 효율성은 개선되고 있다. 시간이 지날수록 더 많은 사람이 기술의 혜택을 누릴 수 있게 될 것이다. 스포츠가 '엘리트의 전유물'에서 '모두의 일상'으로 이동하는 흐름은 계속될 것이다.

참고문헌

비즈워치(2024.4.23). 골프존, AI 기술로 '나만의 코치' 서비스 혁신.

ZDNET Korea.(2024.9). KT스카이라이프, AI가 촬영한 '서울 2024 홈리스월드컵' 중계.

Intel(2024.7.31). Intel's AI app scouts Olympic talent via smartphone camera. IoT World Today

IOC(2024.4.19). IOC launches Olympic AI Agenda: Harnessing the power of AI to support athletes and identify talent. Olympic News.

08

디지털 네이티브의 AI 실험실

축구나 야구는 아날로그 움직임을 디지털로 바꾸기 위해 카메라를 설치해야 하지만, e스포츠는 태어날 때부터 디지털이다. 선수의 마우스 클릭 한 번, 채팅 한 줄이 즉시 데이터가 되는 이곳은 AI 기술의 가장 완벽한 실험실이다. 이 장에서는 44경 개에 달하는 경우의 수를 계산하는 팀 리퀴드의 밴픽 AI와 생체 리듬을 분석해 핵(Hack) 사용자를 잡아내는 안티치트 기술을 통해 스포츠 AI의 최전선을 조망한다.

AI와 인재 채용?

디지털 네이티브 데이터의 의미

전통 스포츠와 e스포츠의 근본적 차이는 데이터의 태생에 있다. 축구에서 선수의 움직임을 추적하려면 경기장에 카메라를 설치해야 한다. 야구에서 투구 궤적을 측정하려면 트래킹 시스템이 필요하다. 아날로그 현실을 디지털 데이터로 변환하는 과정이다. 이 과정에서 비용이 발생하고, 측정 오차가 생기며, 데이터의 범위가 제한된다.

e스포츠는 다르다. 게임은 컴퓨터 서버 위에서 실행된다. 선수의 모든 행위가 서버에 로그(Log) 형태로 자동 저장된다. 마우스 클릭, 키보드 입력, 캐릭터 이동, 스킬 사용, 아이템 구매가 빠짐없이 기록된다. 별도의 변환 장치가 필요 없다. 데이터가 '태어날 때부터 디지털'인 것이다.

데이터의 밀도도 압도적이다. '리그 오브 레전드(LoL)' 한 경기당 약 5만 개의 데이터 포인트가 발생한다. 평균 경기 시간이 30분 내외임을 고려하면, 초당 수십 개의 데이터가 쏟아지는 셈이다. 전통 스포츠에서 이 정도 밀도의 데이터를 수집하려면 막대한 인프라 투자가 필요하다.

팀 리퀴드 CEO 스티브 아르한셋(Steve Arhancet)은 이 차이를 다음과 같이 표현했다. "전통 스포츠가 데이터를 얻기 위해 노력해야 한다면, e스포츠는 데이터의 바다 위에서 태어났다. 우리의 과제는 수집이 아니라 해석이다"(CIO Korea, 2024). 데이터 수집의 문제가 해결된 상태에서 출발한다는 점이 e스포츠 AI의 출발점이다.

44경 개의 경우의 수: 밴픽 시뮬레이션

'리그 오브 레전드'에는 160명 이상의 챔피언(플레이어블 캐릭터)이 존재한다. 경기 시작 전, 양 팀은 교차로 챔피언을 선택(Pick)하고 금지(Ban)한다. 이 과정을 '밴픽'이라 부른다. 어떤 조합을 선택하느냐에 따라 경기의 유불리가 결정된다.

문제는 경우의 수다. 160명 이상의 챔피언 중에서 양 팀이 교차로 선택하고 금지하는 조합의 수는 이론적으로 44경(44 quintillion) 개에 달한다. 44 뒤에 0이 18개 붙는 숫자다. 인간의 직관으로는 계산 불가능한 영역이다.

전통적으로 밴픽은 코치진의 경험과 직관에 의존했다. 상대 팀의 최근 경기를 분석하고, 선호하는 챔피언 풀을 파악하며, 메타(현재 강한 전략)를 고려하여 결정했다. 그러나 인간의 기억력과 계산 능력에는 한계가 있다. 44경 개의 경우의 수 중에서 최적의 조합을 찾아내는 것은 불가능하다.

팀 리퀴드의 수석 분석가는 이 상황을 이렇게 표현했다. "44경 개의 경우의 수 앞에서 인간의 감(Gut feeling)은 무력하다. AI는 우리가 보지 못한 '이기는 수'를 제안했고, 그것이 결과를 바꿨다."

팀 리퀴드의 부활: SAP와의 협업

북미 e스포츠 명문 팀 리퀴드는 AI 분석의 힘을 직접 경험한 사례다(SAP, 2024). 2022년 플레이오프에서 팀 리퀴드는 0-3으로 완패했다. 상대의 변칙 전략에 대응하지 못한 결과였다. 인간 코치진의 기억력과 직관만으로는 예상치 못한 선택에 대비할 수 없었다.

이 패배를 계기로 팀 리퀴드는 SAP와 협력하여 AI 분석 시스템을 구축했다. 'HANA Cloud' 기반의 플랫폼이다. 이 시스템에 상대 팀의 과거 210만 시간 분량의 게임 데이터를 학습시켰다. AI는 이 데이터에서 패턴을 추출했다. "상대 팀이 이 상황에서 어떤 챔피언을 고를 확률이 높은가", "이 조합에 대응하기 위한 최적의 밴픽은 무엇인가"를 계산했다.

AI의 역할은 최종 결정이 아니라 제안이었다. 시스템은 수만 번의 시뮬레이션을 통해 승률이 가장 높은 조합을 제시했다. 코치진은 이 제안을 검토하고, 현장 상황을 고려하여 최종 결정을 내렸다. 인간과 AI의 협업 구조다.

결과는 성공적이었다. 팀 리퀴드는 2024년 LCS 스프링 토너먼트에서 우승을 차지했다. 2022년의 완패에서 2024년의 우승으로, AI 분석이 팀의 경쟁력을 끌어올린 사례다.

생성형 AI와 코칭 효율화

e스포츠 코치의 일상적 업무 중 하나는 영상 분석이다. 특정 선수의 특정 플레이를 찾아 팀원들에게 보여 주는 것이다. 예를 들어 "페이커(유명 프로 선수)가 카시오페아(챔피언 이름)로 솔로 킬을 낸 장면"을 찾으려면 어떻게 해야 할까. 과거에는 코치가 수십 시간의 경기 영상을 직접 뒤져야 했다. 시간이 많이 들고, 원하는 장면을 놓칠 가능성도 있었다.

팀 리퀴드는 이 문제를 해결하기 위해 생성형 AI 봇을 도입했다. 자연어 검색이 가능해졌다. 코치가 "페이커가 5분 이내에 솔로 킬을 낸 경기 보여 줘"라고 입력하면, AI가 즉시 해당 영상의 링크와 타임스탬프를 제공한다. 스십 시간이 걸리던 작업이 수 초로 단축됐다.

이 기술의 바탕에는 e스포츠의 데이터 특성이 있다. 모든 경기가 영상으로 기록되어 있고, 경기 내 이벤트

(킬, 타워 파괴, 드래곤 처치 등)가 타임스탬프와 함께 로그로 저장되어 있다. AI는 이 로그와 영상을 연결하여 자연어 질의에 응답한다. 전통 스포츠에서는 영상과 이벤트 로그를 별도로 구축해야 하지만, e스포츠에서는 이미 존재하는 데이터를 활용하면 된다.

행동 생체 인식: AI 안티치트의 진화

e스포츠의 또 다른 AI 적용 분야는 부정행위 탐지다. '핵(Hack)'이라 불리는 불법 프로그램이 문제다. 에임봇(자동 조준), 월핵(벽 투시), 스피드핵(이동 속도 증가) 등이 대표적이다. 이러한 프로그램은 경기의 공정성을 훼손한다.

기존 안티치트 시스템은 컴퓨터에 설치된 불법 프로그램을 감지하는 방식이었다. 알려진 핵 프로그램의 시그니처(고유 패턴)를 데이터베이스에 저장하고, 사용자 컴퓨터에서 일치하는 파일이 있는지 검사했다. 문제는 우회가 가능하다는 점이다. 핵 개발자가 시그니처를 변경하면 탐지를 피할 수 있었다.

Anybrain은 다른 접근법을 취했다(Anybrain, 2023). '행동 생체 인식(Behavioral Biometrics)' 기술이다. 프로그램이 아니라 사용자의 행동 패턴을 분석한다. 마우스 움직임, 키보드 입력 타이밍, 클릭 간격, 반응 속도 등의 미세한 패턴이 분석 대상이다.

원리는 이렇다. 모든 사용자는 고유한 행동 패턴을 가진다. 지문처럼 개인마다 다르다. AI는 평소 사용자의 패턴을 학습한다. 그리고 실시간으로 현재 행동 패턴과 비교한다.

두 가지 유형의 부정행위를 탐지한다. 첫째, 핵 사용이다. 에임봇을 사용하면 조준 속도가 인간의 물리적 한계를 초과한다. AI는 "이 반응 속도는 인간이 낼 수 없다"고 판단한다. 둘째, 대리 게임이다. 다른 사람이 계정을 사용하면 행동 패턴이 달라진다. AI는 "평소 사용자의 패턴과 다르다"고 감지한다.

Anybrain의 탐지 정확도는 99%에 달한다. 프로그램 시그니처가 아니라 행동 패턴을 분석하므로, 핵 개발자가 우회하기 어렵다. 사람의 행동을 완벽하게 모사하는 것은 프로그램 코드를 바꾸는 것보다 훨씬 어렵기 때문이다.

실시간 승률 예측: 팬 경험의 진화

AI는 경기의 공정성뿐 아니라 관전 경험도 바꾸고 있다. AWS와 라이엇 게임즈(Riot Games)의 협업 사례다(Riot

Games, 2023).

'LoL 월드 챔피언십(롤드컵)' 중계 화면에는 "블루팀 승리 확률 62.4%"와 같은 수치가 실시간으로 표시된다. 이 수치는 AWS의 머신러닝 모델이 계산한다. 골드 격차, 파괴된 타워 수, 드래곤 처치 횟수, 챔피언 레벨 차이 등 수백 가지 변수가 입력된다. 모델은 이 변수들을 종합하여 승률을 산출한다. 경기 상황이 변할 때마다, 대략 1초마다 승률이 업데이트된다.

이 기능은 팬들에게 데이터 기반의 몰입감을 제공한다. 전통 스포츠 중계에서 해설자가 "지금 A팀이 유리해 보입니다"라고 말하는 것은 주관적 판단이다. e스포츠 중계에서 "A팀 승리 확률 73.2%"라는 수치는 객관적 근거에 기반한다. 팬들은 자신의 직관과 AI의 예측을 비교하며 경기를 관전한다.

물론 승률 예측이 결과를 확정하지는 않는다. 30% 확률의 팀이 역전승을 거두기도 한다. 그러나 그 역전이 얼마나 극적인 것이었는지를 수치로 확인할 수 있다. "승리 확률 12%에서 뒤집었다"는 정보는 역전의 드라마를 더욱 극적으로 만든다.

e스포츠는 AI 스포츠 분석의 최전선이다. 데이터가 완전하고, 양이 방대하며, 실시간으로 접근 가능하다.

전통 스포츠에서 시도되는 기술들이 e스포츠에서 먼저 검증되고 정교화된다. e스포츠의 AI 실험이 전통 스포츠의 미래를 예고하는 이유다.

참고문헌

CIO Korea(2024.6.18.). "'리그 오브 레전드' 경기 데이터, AI로 대응 중"… e스포츠 단체 팀 리퀴드 사례. 《CIO Korea》. https://www.cio.com/article/3505162

Anybrain(2023). Next Generation Security and Integrity for the Gaming Industry. Anybrain Official Resources.

AWS(2023.10.10). Riot Games and AWS bring esports 'Win Probability' stat to 2023 League of Legends World Championships broadcasts. AWS for Games Blog. https://aws.amazon.com/blogs/gametech/riot-games-and-aws-bring-esports-win-probability-stat-to-2023-league-of-legends-world-championships-broadcasts/

SAP(2019.10.22). Team Liquid: SAP Data and Analytics Solutions. YouTube. https://www.youtube.com/watch?v=F1bQMfMtDGA

09

베팅 산업과 무결성 감시

스포츠는 각본 없는 드라마지만, 베팅 산업은 이를 초정밀 확률 게임으로 바꿨다. AI는 선수의 컨디션부터 SNS 여론까지 분석해 승패를 예측하고, 북메이커는 1초 단위로 배당률을 조정해 수익을 낸다. 이에 맞서 승부 조작 세력은 '첫 볼넷' 같은 마이크로 조작을 시도하고, 감시 시스템(UFDS)은 비정상적 자금 흐름을 탐지해 이를 차단한다. 이 장에서는 2024년 NBA 영구 제명 사건과 스포츠레이더의 AI 감시 기술을 통해, 창과 방패의 디지털 전쟁을 조망한다.

AI와 기자?

프로포지션 베팅과 마이크로 조작의 등장

스포츠 베팅의 형태가 변했다. 과거에는 단순했다. "어느 팀이 이기는가"에 돈을 걸었다. 승패라는 하나의 결과에 베팅이 집중됐다. 이 구조에서 승부 조작은 경기 전체의 결과를 바꿔야 했다. 여러 선수가 공모해야 하고, 발각 위험이 높았다.

'프로포지션 베팅(Prop Bets)'이 게임의 규칙을 바꿨다. 이제 베팅 대상은 세분화됐다. "A선수가 3점 슛을 몇 개 넣는가", "B선수가 리바운드를 몇 개 잡는가", "첫 볼넷이 몇 회에 나오는가"에 돈을 건다. 경기 내 수십, 수백 가지의 세부 기록이 베팅 상품이 됐다.

이 시장은 AI 예측 모델의 고도화가 만들어 낸 결과물이다. 과거에는 이런 세부 기록의 확률을 정확히 계산하기 어려웠다. AI가 방대한 과거 데이터를 분석하여 "A선수가 오늘 경기에서 3점 슛을 3개 이상 성공시킬 확률"을 산출할 수 있게 되면서, 북메이커는 이에 대한 배당을 제시할 수 있게 됐다.

문제는 이 시장이 새로운 형태의 승부 조작을 가능하게 했다는 점이다. '마이크로 조작(Micro-rigging)'이라 불린다. 경기의 승패는 건드리지 않는다. 자신의 개인 기록만 조작한다. 팀이 이기든 지든 상관없이, 자신의 3

점 슛 성공 횟수가 특정 수치 이하로 나오게만 하면 된다. 다른 선수의 협조도 필요 없다. 혼자서 할 수 있고, 팀 성적에 영향을 주지 않으니 의심받기도 어렵다.

NBA 존테이 포터 사건: 데이터가 잡아낸 범죄

2024년 4월, NBA는 토론토 랩터스 소속 존테이 포터(Jontay Porter)를 영구 제명했다(NBA Communications, 2024). 마이크로 조작의 전형적인 사례였다.

포터는 벤치 멤버였다. 주전이 아니라 출전 시간이 불규칙했다. 그는 이 점을 악용했다. 자신의 기록이 낮게 나오는 쪽에 지인이 돈을 걸게 했다. 그리고 경기 중 아프다는 핑계로 조기 퇴장했다. 출전 시간이 줄면 당연히 기록도 낮아진다. 팀의 승패에는 영향을 주지 않으면서 베팅에서 이기는 구조였다.

적발의 단서는 베팅 금액의 이상치였다. 평소 포터의 개인 기록에 걸리는 돈은 1000달러에서 2000달러 수준이었다. NBA 벤치 멤버의 세부 기록에 관심을 가지는 베터는 많지 않기 때문이다. 그런데 특정 경기에서 갑자기 8만 달러(약 1억 1000만 원)가 몰렸다. 평소의 40배에서 80배에 달하는 금액이다.

AI 감시 시스템은 이를 '비정상적 이상치(Outlier)'로 탐지했다. 왜 갑자기 이 선수의 이 기록에 이렇게 많은 돈이 몰리는가. 통계적으로 설명되지 않는 현상이었다. 경보가 울렸고, 수사가 시작됐다.

NBA 관계자는 브리핑에서 이렇게 말했다. "우리는 더 이상 심증으로 수사하지 않는다. 데이터 흔적(Data Trail)은 거짓말을 하지 않으며, 8만 달러의 비정상적 베팅은 그 자체로 범죄의 자백이다"(Purdum, 2024). 데이터가 범죄를 증명한 사례다.

스포츠레이더의 AI 감시 시스템

포터 사건에서 이상 징후를 포착한 것은 '무결성 감시 시스템(Universal Fraud Detection System, UFDS)'이다. 스포츠레이더(Sportradar) 같은 기업이 운영한다.

시스템의 규모는 방대하다. 전 세계 85만 건 이상의 경기를 모니터링한다. 600개 이상의 베팅 업체 데이터를 실시간으로 수집한다(Sportradar, 2024). 메이저 리그뿐 아니라 하위 리그, 비인기 종목까지 감시 대상이다. 오히려 하위 리그가 더 위험하다. 관심이 적어 조작이 발각되기 어렵고, 선수 연봉이 낮아 매수 비용이 적기 때문이다.

AI의 역할은 패턴 탐지다. 정상적인 베팅 패턴이 어떤 것인지를 학습한다. 특정 경기, 특정 선수, 특정 기록에 대한 평균적인 베팅 금액과 분포를 파악한다. 그리고 실시간으로 들어오는 베팅 데이터와 비교한다. 평소와 다른 패턴이 감지되면 즉시 경보(Red Flag)를 울린다.

경보의 유형은 다양하다. 하위 리그의 무의미한 경기에 갑자기 고액 베팅이 몰리는 경우. 특정 선수의 '언더' 옵션에만 집중적으로 돈이 쏠리는 경우. 경기 직전에 급격한 배당 변동이 발생하는 경우. 이런 패턴들이 자동으로 플래그된다.

스포츠레이더 무결성 서비스 부문장 안드레아스 크라니히(Andreas Krannich)는 이렇게 말했다. "AI는 승부조작범들에게 숨을 곳을 없앴다. 하위 리그의 무의미한 경기라도 데이터는 24시간 감시하고 있다."

억제 효과: 2024년 의심 경기 17% 감소

AI 감시 시스템의 효과는 수치로 나타나고 있다. 스포츠레이더의 2024년 보고서에 따르면, 전 세계 '의심스러운 경기(Suspicious matches)' 수는 전년 대비 17% 감소한 1108건을 기록했다(Sportradar, 2024).

17%라는 수치가 의미하는 바는 두 가지다. 첫째, 적발 능력이 높아졌다. 과거에는 잡히지 않던 조작이 이제는

탐지된다. 둘째, 억제 효과(Deterrence Effect)가 발생하고 있다. 조작 세력도 AI 모니터링의 존재를 알고 있다. 잡힐 확률이 높아지면 시도 자체를 줄인다.

특히 축구 종목에서 의심 사례가 대폭 줄었다. 축구는 전통적으로 승부 조작의 온상이었다. 전 세계에 수많은 리그가 있고, 하위 리그는 관리가 느슨하며, 선수 연봉이 낮아 매수가 쉽기 때문이다. AI 감시의 확대가 이 분야에서 효과를 내고 있다.

물론 한계도 있다. 1108건의 '의심 경기'가 모두 실제 조작은 아니다. AI가 이상 패턴을 탐지했을 뿐, 조작의 증거가 확보된 것은 아니다. 또한 AI 감시를 우회하려는 시도도 계속된다. 베팅 금액을 분산하거나, 여러 국가의 베팅 업체를 이용하거나, 암호화폐를 활용하는 방식이다. 창과 방패의 경쟁은 계속된다.

북메이커의 실시간 리스크 관리

베팅 산업의 AI 활용은 감시에만 국한되지 않는다. 북메이커 자신도 AI를 활용한다. Bet365 등 대형 베팅 업체는 자동화된 트레이딩 알고리즘을 운영한다.

핵심은 배당률의 실시간 조정이다. 경기 중 상황이 바뀌면 확률이 바뀐다. 골이 터지면 승패 확률이 변한다.

선수가 퇴장당하면 팀의 승리 가능성이 낮아진다. 북메이커는 이런 변화를 배당률에 즉시 반영해야 한다. 그렇지 않으면 베터들이 유리한 배당을 노리고 몰려든다.

과거에는 인간 트레이더가 이 작업을 했다. 경기를 지켜보며 수동으로 배당을 조정했다. 반응 속도에 한계가 있었다. 이제는 AI가 대신한다. 경기 데이터가 실시간으로 입력되고, 알고리즘이 확률을 재계산하며, 1초 이내에 전 세계 배당률이 업데이트된다.

리스크 관리도 자동화됐다. 특정 팀에 베팅이 쏠리면 북메이커는 손실 위험에 노출된다. 그 팀이 이기면 막대한 배당금을 지급해야 하기 때문이다. AI는 베팅 현황을 실시간으로 모니터링하며, 쏠림이 감지되면 자동으로 배당을 낮춘다. 배당이 낮아지면 추가 베팅이 줄어들고, 손실 위험(Exposure)이 감소한다. 이 과정이 자동화되어 북메이커의 리스크는 거의 0에 가깝게 유지된다.

베팅 산업과 스포츠 무결성의 관계는 복잡하다. 베팅 시장의 확대가 승부 조작의 유인을 높인 것은 사실이다. 그러나 동시에 베팅 데이터가 조작을 탐지하는 핵심 단서가 되기도 한다. 포터 사건에서 보듯, 비정상적 베팅 패턴이 없었다면 조작은 발각되지 않았을 것이다. 창과 방패는 같은 기술을 공유한다.

참고문헌

NBA.com(2024.4.17). NBA bans Jontay Porter for violating league gaming rules. NBA.com. https://www.nba.com/news/nba-bans-jontay-porter-violating-gaming-rules

Purdum, D.(2024.4.17). NBA bans Raptors' Jontay Porter for gambling violations. ESPN.

Sportradar(2024.3). Betting Corruption and Match-fixing in 2023. Sportradar Integrity Services Report.

10
AI와 공존하는 스포츠의 미래

AI가 스포츠를 완벽하게 통제할수록, 역설적으로 인간의 불완전함이 주는 감동은 커진다. 우리는 로봇이 공을 차는 것을 보고 싶어 하지 않는다. 스포츠의 미래는 AI에게 모든 결정을 맡기는 것이 아니라, '인간 개입(Human-in-the-loop)'을 통해 기술을 통제하고 윤리적으로 활용하는 데 달려 있다. 이 장에서는 NBA의 데이터 주권 협약과 EU의 AI 규제 법안을 통해, 기술 만능주의 시대에 스포츠가 지켜야 할 인간성의 최전선을 탐구한다.

AI와 미래 의사?

인간 개입 모델: 최종 결정은 인간이

이 책에서 살펴본 AI 기술들은 공통된 구조를 가진다. AI가 분석하고 제안하되, 최종 판단은 인간이 내린다. '인간 개입 모델(Human-in-the-loop)'이라 불리는 협업 구조다.

FIFA의 반자동 오프사이드 판독 기술(SAOT)이 대표적이다. 1장과 5장에서 살펴본 바와 같이, 이 시스템은 12대의 카메라와 AI 알고리즘으로 오프사이드 라인을 자동 생성한다. 그러나 최종 선언은 심판이 한다. AI가 "오프사이드"라고 계산해도, 심판이 이를 검증하고 확정하는 단계가 있다.

왜 이런 구조가 필요한가. AI는 '블랙박스'다. 알고리즘이 어떻게 결론에 도달했는지 완전히 투명하지 않다. 5장에서 논의했듯이, SAOT의 50fps 카메라는 프레임 간격에서 3~4센티미터의 측정 불확실성을 가진다. AI는 이를 '단호한 선'으로 표시하지만, 그 선에는 오차가 내포되어 있다.

인간 심판의 역할은 이 불확실성을 맥락적으로 판단하는 것이다. 경기의 흐름, 선수의 의도, 상황의 특수성을 고려한다. 알고리즘이 포착하지 못하는 요소들이다. 캄폴로와 크로포드(Campolo & Crawford)는 이를 '책임

없는 권력(Power without responsibility)'의 문제로 지적했다(Campolo & Crawford, 2020). AI가 결정을 내리면 누가 책임지는가. 인간이 최종 결정권을 유지해야 책임 소재가 명확해진다.

MLB 관계자의 말이 이 지점을 정확히 짚는다. "우리가 파는 것은 완벽함이 아니라 드라마(Drama)다. AI 심판이 100% 정확할 수는 있어도, 9회 말 투 아웃의 긴장감을 이해할 수는 없다." 스포츠의 본질은 불확실성에 있다. AI가 모든 것을 예측하고 통제하면 드라마는 사라진다.

데이터 주권: 선수의 몸은 누구의 것인가

3장에서 살펴본 부상 예측 기술은 선수의 생체 데이터에 의존한다. 심박수, 수면의 질, 피로도, 근육 상태가 수집된다. 이 데이터는 누구의 것인가. 데이터를 수집하는 구단의 것인가, 데이터를 생성하는 선수의 것인가.

이 질문은 단순한 소유권 문제가 아니다. 데이터가 선수에게 불리하게 사용될 수 있기 때문이다. 구단이 웨어러블 데이터를 근거로 "이 선수는 부상 위험이 높다"고 판단하면 어떻게 되는가. 연봉 협상에서 불리해지고, 계약 갱신이 거부될 수 있다. 선수를 보호하기 위해 수집한 데이터가 선수를 해치는 도구로 전환되는 역설이다.

2023년 체결된 NBA 노사단체협약(CBA)은 이 문제에 대한 최초의 제도적 해법을 제시했다(NBA, 2023). 핵심 조항은 두 가지다. 첫째, 구단은 선수의 동의 없이 웨어러블 데이터를 연봉 협상이나 계약 해지의 근거로 사용할 수 없다. 둘째, 경기 중 착용 가능한 웨어러블 기기의 종류가 엄격히 제한됐다.

전 NBPA(NBA 선수노조) 사무총장 타미카 트레마글리오(Tamika Tremaglio)는 이 협약의 의미를 다음과 같이 설명했다. "선수의 생체 데이터는 그들의 피와 땀이다. 이것이 선수를 옥죄는 족쇄가 아니라, 선수를 보호하는 갑옷으로 쓰여야 한다." 데이터 수집의 목적이 선수 보호라면, 그 데이터가 선수에게 불이익을 주는 데 사용되어서는 안 된다는 원칙이다.

이 협약은 스포츠 선수가 자신의 '디지털 신체(Digital Twin)'에 대한 소유권을 명문화한 최초의 사례로 평가된다. 다른 스포츠 리그와 국가로 확산될 가능성이 높다.

알고리즘의 성별 편향: Project ACL

AI는 학습 데이터를 반영한다. 학습 데이터에 편향이 있으면 AI도 편향된다. 스포츠 AI의 대표적인 편향 문제가 성별이다.

3장에서 언급한 바와 같이, 기존 스포츠 의학 데이터는 남성 선수 중심으로 수집됐다. 부상 예측 AI도 남성 데이터로 학습됐다. 문제는 여성 선수의 신체가 남성과 다르다는 점이다. 특히 전방십자인대(ACL) 부상에서 차이가 크다. 여성 축구 선수는 남성보다 ACL 파열 위험이 2배에서 6배 높다(FIFPRO, 2024). 호르몬 주기, 골반 구조, 근육 비율의 차이가 원인이다.

남성 데이터로 학습된 AI는 이 차이를 인식하지 못한다. 여성 선수에게 적절한 경고를 보내지 못한다. 같은 훈련 부하라도 여성에게는 더 위험할 수 있는데, AI는 이를 감지하지 않는다.

국제축구선수협회(FIFPRO), 나이키, 리즈 베켓 대학이 협력하여 2024년 'Project ACL'을 출범했다(FIFPRO, 2024). 목표는 여성 선수만의 생체 역학 데이터를 별도로 수집하고 학습시키는 것이다. 여성의 달리기 패턴, 점프 착지 방식, 방향 전환 메커니즘이 별도로 분석된다. 이 데이터로 학습된 AI는 여성 선수에게 맞춤화된 부상 예측을 제공할 수 있다.

Project ACL은 알고리즘 편향 수정의 구체적 사례다. AI가 중립적이라는 환상을 깨고, 학습 데이터의 구성이 결과에 영향을 미친다는 사실을 인정한다. 그리고 편향을 수정하기 위해 의도적으로 데이터를 보완한다.

EU AI Act: 효율성보다 프라이버시

기술의 가능성과 사용의 허용은 다른 문제다. AI로 할 수 있는 일이 모두 허용되어야 하는 것은 아니다. 2024년 발효된 유럽연합의 인공지능법(EU AI Act)은 이 원칙을 법제화했다(European Commission, 2024).

핵심 규제 중 하나는 공공장소에서의 '실시간 원격 생체 인식' 원칙적 금지다. 얼굴 인식, 감정 분석 등의 기술을 공공장소에서 실시간으로 사용하는 것이 제한된다.

이 규제는 '스마트 스테디움' 기술에 직접적 영향을 미친다. 경기장은 기술 업체들의 실험장이 되어왔다. 입장 게이트에서 얼굴 인식으로 블랙리스트 팬을 자동 탐지한다. 관중석 카메라가 팬들의 표정을 분석하여 '흥분도'를 측정한다. 이런 기술들이 효율성과 안전을 명분으로 도입되어 왔다.

EU AI Act는 이에 제동을 건다. 경기장에 온 시민이 자신도 모르게 얼굴이 스캔되고, 감정이 분석되는 상황을 허용하지 않는다. 효율성보다 프라이버시가 우선한다는 법적 선언이다.

물론 예외는 있다. 테러 위협 등 중대한 공공 안전 사안에서는 제한적으로 허용된다. 그러나 원칙은 명확하다. 기술적으로 가능하다고 해서 무조건 사용해서는 안 된다.

스포츠의 본질을 지키며

이 책에서 다룬 10개의 장은 AI가 스포츠의 거의 모든 영역에 침투했음을 보여 준다. 동작 분석, 전술 설계, 부상 예측, 선수 스카우팅, 심판 판정, 방송 제작, 생활 체육, e스포츠, 베팅 감시까지. AI가 닿지 않은 곳이 없다.

기술의 확산은 되돌릴 수 없다. 중요한 것은 방향이다. AI를 어떻게 사용할 것인가. 누구의 이익을 위해 사용할 것인가. 어디까지 허용할 것인가.

NBA CBA는 선수의 데이터 주권을 보호했다. Project ACL은 알고리즘의 성별 편향을 수정하고 있다. EU AI Act는 프라이버시의 한계선을 그었다. 이 사례들은 기술 발전이 자동으로 좋은 결과를 가져오지 않는다는 것을 보여 준다. 의도적인 개입, 제도적 장치, 윤리적 합의가 필요하다.

스포츠의 본질은 인간의 한계에 도전하는 것이다. 더 빨리, 더 높이, 더 강하게. 그 과정에서 발생하는 실패,

역전, 감동이 스포츠를 스포츠답게 만든다. AI가 모든 것을 예측하고 최적화하면 이 본질은 훼손된다. 기술은 도구지 목적이 아니다. 인간이 중심에 있어야 한다. 인간 개입 모델, 데이터 주권, 알고리즘 공정성, 프라이버시 보호는 이 원칙을 지키기 위한 장치들이다.

참고문헌

Campolo, A. & Crawford, K.(2020). Enchanted determinism: Power without responsibility in artificial intelligence. *Engaging Science, Technology, and Society, 6*, pp.1~19.

European Union(2024.6.13). Regulation (EU) 2024/1689 of the European Parliament and of the Council (Artificial Intelligence Act). Official Journal of the European Union. https://eur-lex.europa.eu/eli/reg/2024/1689/oj

FIFPRO(2024.4.4). FIFPRO, PFA England, Nike, and Leeds Beckett University launch project to reduce ACL injuries in women's football. FIFPRO. https://www.fifpro.org/en/articles/2024/04/fifpro-pfa-england-nike-leeds-beckett-university-launch-project-to-reduce-acl-injuries-in-women-s-football

NBA(2023). NBA Collective Bargaining Agreement 2023. National Basketball Players Association.

국창민

AI 기반 컨설팅기업 어반전략컨설팅 대표이자 한국영상대학교 겸임교수다. 경희대학교에서 체육학 박사학위를 받았다. KBS N 사업국장, 2018 평창동계패럴림픽 개폐회식 제작단장, SM 엔터테인먼트 PD를 역임하며 미디어와 메가 스포츠이벤트 현장을 두루 경험했다. 조달청 및 다수 지자체의 정책 자문 및 전문 평가위원으로 활동하고 있다. 주요 저서로 《스포츠팬덤도시》(2025), 《문화와 스포츠로 지역을 되살리다》(2025), 《메가 스포츠이벤트 레거시로 완성하라》(2025), 《스포츠마케터의 세상》(2021) 등이 있다.